RAPPORT

DE LA

RÉPARTITION DES SECOURS

FAITE

PAR LA SOCIÉTÉ ANGLAISE DES AMIS

(QUAKERS)

AUX VICTIMES INNOCENTES

DE LA GUERRE EN FRANCE

1870-1871

RAPPORT

DE LA

RÉPARTITION DES SECOURS

FAITE

PAR LA SOCIÉTÉ ANGLAISE DES AMIS (QUAKERS)

AUX VICTIMES INNOCENTES DE LA GUERRE EN FRANCE

(1870—1871)

PRÉCÉDÉ

D'UNE ESQUISSE DE L'ORIGINE, DE L'ORGANISATION, DES PRINCIPES ET DES PROGRÈS DE CETTE SOCIÉTÉ

PAR

JAMES LONG, M. A.

———

DÉDIÉ PAR PERMISSION

A S. EXC. M. LE PRÉSIDENT DE LA RÉPUBLIQUE FRANÇAISE

———

PARIS

TYPOGRAPHIE ADOLPHE LAINÉ, RUE DES SAINTS-PÈRES, 19.

1872

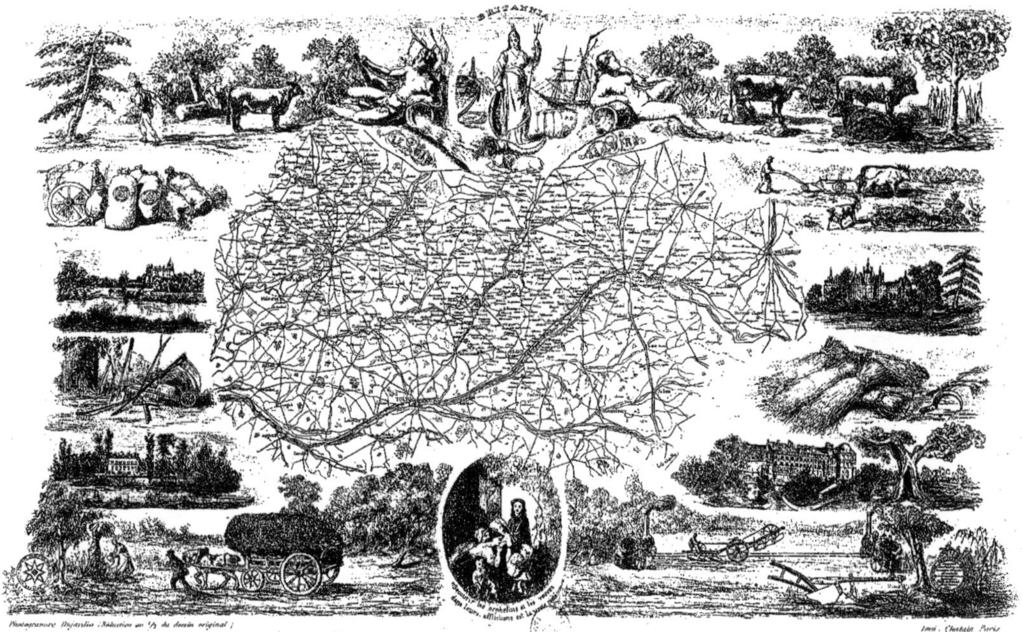

· CETTE CARTE NE COMPREND QUE CES QUATRE DÉPARTEMENTS —
LES SEULS PARMI LES QUATORZE SECOURUS, DONT LA POSITION ADMETTE LA RÉUNION — DONNANT AINSI UN APERÇU
DE CE QUI A ÉTÉ ACCOMPLI DANS LES AUTRES PAR LA SOCIÉTÉ DES AMIS.

PRÉFACE.

Afin d'écarter tout malentendu et préjugé relatif au caractère et à l'intention de la Compilation suivante, l'Auteur veut prévenir ses Lecteurs, qu'il n'est pas lui-même Membre de la Société Anglaise des Amis (Quakers) dont il a essayé d'esquisser l'histoire intéressante, mais qu'il a été depuis un an intimement associé avec des Membres de cette Société dans l'administration des secours qu'ils ont apportés aux victimes innocentes de la guerre en France ; et, qu'en conséquence, il a eu une occasion des plus favorables d'apprécier leurs principes et leurs actes.

Ému alors par l'admiration de leur dévouement philanthropique et de leurs efforts désintéressés pour soulager les malheureux, il a voulu entreprendre, *complétement à part de toute inspiration de la Société*, de la faire mieux connaître en France — où à son égard tant d'idées erronées existent, et où on a demandé avec tant d'empressement d'en avoir des renseignements exacts.

Pour toutes les opinions énoncées relatives à la Société Anglaise des Amis (Quakers) dans les pages suivantes, l'Auteur seul alors est responsable. Cependant, si, après une étude sérieuse de l'histoire de cette Société, il n'a pas été assez heureux pour éviter toute erreur d'importance, il la prie d'agréer ses excuses.

Quant au Rapport même, l'Auteur veut de plus avertir ses Lecteurs qu'il a préféré parler autant que possible par la voix des autres et spécialement de ces Messieurs Français distingués qui ont eu pleine connaissance de l'Œuvre de la Société, et qui peuvent par cela estimer mieux le caractère et l'étendue de leurs efforts — efforts qui ont tant fait pour rétablir et resserrer entre les deux Peuples cette entente cordiale, temporairement suspendue, sous l'influence de préventions fâcheuses — *la France se figurant qu'autant que la politique d'Angleterre devenait insulaire, ses sentiments s'isolaient; que les Anglais n'étaient plus sympathiques aux infortunes d'autrui; et qu'ils étaient spécialement indifférents au sort de leurs voisins les Français —* efforts qui ont accompli tant de bien pour leurs malheureux frères, et qui ont déposé, assurément, dans les cœurs Français un germe qui ne saurait mourir, celui de la reconnaissance et de la vraie sympathie.

Et quant à quelques termes comme *la Bienfaisance* et *la Charité*, que l'Auteur s'est trouvé dans la nécessité d'employer par manque d'autres plus commodes pour son Rapport, il veut expliquer que ces mots, dans leur acception ordinaire, renferment une idée qui ne s'accorde nullement avec les sentiments qui ont dirigé la Société des Amis en portant secours aux victimes de la guerre; car tout ce que cette Société a fait, elle l'a fait comme témoignage de ces sentiments de Fraternité Chrétienne qu'elle veut voir répandus parmi les nations.

Paris, le 1ᵉʳ mai 1872.

A SON EXCELLENCE

MONSIEUR THIERS

PRÉSIDENT

DE LA RÉPUBLIQUE FRANÇAISE.

MONSIEUR LE PRÉSIDENT,

Arrivé à la fin de ma mission comme Représentant de la Société Anglaise des Amis (Quakers) en France, où je me suis dévoué depuis un an à la Répartition des Secours aux victimes innocentes de la guerre, j'ai l'honneur de soumettre à l'appréciation de Votre Excellence un Rapport de cette Œuvre de Fraternité Chrétienne.

Mais avant de procéder aux détails relatifs à l'étendue et à l'utilité de cette Répartition, permettez-moi, Monsieur le Président, de présenter comme Introduction à ce Rapport, une courte esquisse de l'origine, de l'organisation, des principes distinctifs et des actes de cette Société si peu connue et encore moins comprise en France jusqu'à nos jours.

Veuillez agréer, Monsieur le Président, l'expression de mes sentiments de respect et de dévouement.

JAMES LONG.

INTRODUCTION.

COURTE ESQUISSE DE L'ORIGINE, DES PRINCIPES ET DES PROGRÈS

DE LA SOCIÉTÉ ANGLAISE DES AMIS (QUAKERS).

Le Fondateur de la Société des Amis fut Georges Fox, homme de bien remarquable, né à Drayton, dans le comté de Leicester, en Angleterre, l'an 1624. C'est à lui, dans une des premières occasions où il fut mené devant le tribunal à cause de ses doctrines, que fut donné en dérision le nom de « *Quaker* » (trembleur), pour avoir exhorté un magistrat prévaricateur à *trembler* à la parole de l'Eternel — nom qui s'attacha après aux Membres de cette Société qui se réunirent autour de lui en 1649, quoiqu'ils eussent adopté eux-mêmes la dénomination de *Société des Amis* — nom cependant qui, comme celui de *Chrétien*, n'est plus employé que par les ignorants, comme terme de mépris. Cette Société se forma donc en Angleterre à une époque où l'esprit public fut violemment agité par des discussions religieuses et politiques, et quand les partis opposés se persécutaient mutuellement sous prétexte de maintenir avec zèle la foi Chrétienne — époque où *la liberté des cultes* était encore inconnue dans ce pays. Au milieu de ces débats s'éleva alors un corps de Chrétiens qui soutenait ce principe dans le sens le plus strict et le plus étendu, et qui n'a jamais cessé de le défendre dès le premier jour de son existence comme Société, en prêtant secours et conseil toujours à tous les persécutés, de n'importe quelle secte, qui souffraient par motifs de conscience. Néanmoins, à cause de quelques-uns de ces principes distinctifs de cette Société indiqués ci-après — principes bien en avance de cette époque et même de la nôtre — elle attirait contre ses Membres les mauvaises passions des zélateurs et des ecclésiastiques, dont le but n'était que de s'assurer les richesses et la puissance temporelle ; et par leur influence, la magistrature fut trop aisément induite à mettre en exécution contre la Société des lois cruelles et injustes, par suite desquelles ses Membres souffrirent de longues persécutions, furent dépouillés de leurs biens, privés de leur liberté, renfermés dans des prisons infectes, où les cruautés qu'ils subirent furent telles, que leur santé ne put y résister ; et plusieurs fois ces indignes traitements furent suivis de la mort. Quelques-uns périrent même par les mains du bourreau en Amérique, scellant ainsi leur témoignage de leur sang. Mais quoique la tyrannie de la persécution s'appesantît sur eux pendant de longues années et avec une sévérité incessante, ils supportèrent leurs afflictions avec douceur et avec patience, et en même temps avec un courage que rien ne pouvait abattre ; et jamais ils ne se montrèrent disposés à se venger sur leurs ennemis, donnant ainsi l'exemple de la clémence à ceux qui en manquaient tant à leur égard, — ce qui enhardit trop souvent leurs persécuteurs, voyant qu'ils n'avaient à craindre nulles représailles. Enfin, après quarante ans de persécutions pareilles, leurs plus cruels ennemis se lassèrent de leurs efforts inutiles pour les faire changer de sentiments, et ne s'opposèrent plus à la propagation de ces principes, dont nous allons citer quelques-uns de ceux qui distinguent cette Société des autres sectes Chrétiennes — principes pour lesquels ils ont enduré tant de calomnies et tant de souffrances — principes qui expliquent aussi leur dévouement à secourir les malheurs d'autrui sans acception ni de nationalité, ni de politique, ni de religion.

N° 1. — *Leur amour et leur charité réciproques.* Ils se réunissent, s'entr'aident et se soutiennent les uns les autres, de sorte qu'on ne rencontre jamais un Quaker indigent ; et il est ordinaire d'entendre dire : « Voyez les Quakers, comme ils s'aiment entre eux ; quels soins ils ont les uns des autres. » D'autres, moins justes, disent : « Les Quakers n'aiment que les Quakers. » En effet, si l'amour réciproque, si la communion intime en religion et l'attention à s'entr'aider peuvent être regardés comme le caractère distinctif des Chrétiens, ils le possèdent dans toute son étendue.

Mais les exemples de *leur sympathie pour les infortunes d'autrui, au-delà de leur Société, au-delà de leur pays; et leur dévouement à secourir le malheureux sans préoccupation ni de secte ni de parti*, sont trop connus et trop remarquables pour laisser croire un seul instant « que les Quakers n'aiment que les Quakers », mais qu'ils interprètent l'amour et la charité dans le sens le plus large, le plus Chrétien — comme le démontre incontestablement leur conduite (1).

N° 2. — *L'amour pour ses ennemis.* C'est un principe qu'ils enseignent et pratiquent, car ils sont si fortement convaincus de l'importance de ce précepte : « *Aimez vos ennemis, faites du bien à ceux qui vous haïssent, etc.*, » qu'ils refusent non-seulement de se venger des injures qu'ils ont reçues, et condamnent cette vengeance comme une chose opposée à l'esprit du Christianisme, mais qu'ils pardonnent généreusement et même aident et soulagent ceux qui se sont montrés cruels à leur égard, quand ils se trouvent à même de s'acquitter ainsi envers eux de ce qu'ils ont souffert. On pourrait en donner plusieurs exemples et même d'assez remarquables. Ils tâchent par leur foi et par leur patience de se mettre au-dessus de l'injustice et de l'oppression; et ils prêchent aux autres, par leur exemple, la pratique de cette vertu vraiment Chrétienne.

N° 3. — *Souffrir et non point combattre* est un des principes particuliers à cette Société. Ils comprennent que les contestations, les disputes et les guerres sont choses illégales pour ceux qui professent être les disciples du « *Prince de la Paix* ». Ils croient que les proclamations faites par les anges à sa venue étaient de la nature et de l'esprit de la religion qu'il devait fonder. « *Gloire envers Dieu au plus haut des cieux; paix sur la terre; bienveillance envers les hommes.* » Encore il est prédit par les anciens prophètes que, sous le règne du Christ, les hommes ne se feront plus la guerre; et il est à espérer qu'à mesure que s'étendront les limites de son royaume, se vérifiera aussi la réalisation de ces promesses. « *On n'entendra plus la violence dans le pays; le*

(1) Inutile de citer plus d'exemples que les services énormes que cette Société a rendus à l'humanité en Irlande, pendant la famine, en 1846-1847 — en Finlande (1868), après la perte des récoltes pendant trois années consécutives — dans la Crimée, après la désolation laissée par la guerre en 1850 — et dans les États-Unis après la guerre pour l'Abolition de l'Esclavage en 1865-1866-1867.

pillage ni la destruction n'habiteront plus sur les frontières : » et très-certainement tous ceux qui prient Dieu en sincérité et en vérité par ces paroles : « *que ton règne arrive, et que ta volonté soit faite sur la terre comme au ciel,* » doivent être pénétrés de ces sentiments qui veulent la justice, la paix universelle et le bien-être temporel et spirituel de tous les membres de la famille humaine.

Suivant ces principes, les Quakers ont refusé pendant tous les troubles civils qui eurent lieu à l'époque de l'organisation de leur Société, et pendant toutes les guerres qui ont suivi depuis, de prendre les armes et de répandre le sang de leurs frères. Ils ne purent pas, et ils ne peuvent pas, se résoudre à servir dans l'armée, à fournir des remplaçants, ou à contribuer en quoi que ce soit à ce qui doit être approprié exclusivement à l'administration militaire. Ils préférèrent souffrir patiemment qu'on les privât de leurs biens, qu'on les jetât en prison, s'ils n'avaient pas de propriétés que l'on pût saisir.

Et nul Gouvernement civil ne doit pour cela regarder les Membres de cette Société d'un mauvais œil, car, par la même raison qu'ils ne prendront pas les armes pour le Gouvernement, ils ne les prendront pas non plus contre lui, — et ce n'est pas peu de chose d'être assuré de ce dernier avantage. Et ne serait-il pas déraisonnable de blâmer les gens de ne pas faire pour autrui ce qu'ils croient ne pas devoir faire pour eux-mêmes? D'ailleurs, même en mettant de côté le Christianisme, *la paix, avec tous ses inconvénients, ne vaut-elle pas mieux que la guerre avec tous ses avantages, quand on considère ce qu'elle coûte et ses fruits?* Mais quoique la Société des Amis ne croie point devoir prendre les armes, ses Membres sont très-fort d'avis de se soumettre au Gouvernement, et cela non par crainte mais par conviction, toutes les fois que le Gouvernement ne cherche point à troubler leur conscience; car ils regardent tout Gouvernement comme instrument de Dieu, et tout bon Gouvernement comme un des biens les plus précieux pour le genre humain. Néanmoins tous les Membres de cette Société, victimes tantôt d'un zèle aveugle et tantôt de l'intérêt, ont essuyé de la part des différents Gouvernements plus de rigueurs qu'aucune secte, et pourtant l'on peut dire que, sauf ce qui concerne leur religion, aucune Société n'a moins troublé la magistrature dans l'exercice des devoirs de leur charge.

On ne doit pas non plus accuser le Quaker de manquer de courage, parce qu'il refuse d'être soldat. Il ne veut pas montrer la bravoure de celui qui, guidé par une fausse et folle idée de gloire, ou enivré par les applaudissements de ses camarades, court à l'assaut, car un tel acte est contre ses principes; *mais le Quaker est toujours le premier à réparer la brèche, et le dernier sur le champ de bataille* — car, en pareilles occasions, lui aussi a toujours son champ de bataille tranquille et pourtant glorieux — où il lutte contre le froid, la famine et la peste, et où ses plus grands efforts sont consacrés au soulagement des malheureux et des malades, et au secours des veuves et des orphelins — victimes innocentes des guerres déplorables. Si le Quaker ne déploie pas alors ce qu'on appelle le courage, il montre une qualité plus élevée — *la Fortitude* — vertu de celui qui, quoique seul, se tient à son poste parce qu'il est un point d'importance, et quoi qu'il sache que sous ses pieds le terrain est miné, et peut éclater d'un instant à l'autre, et le mettre en morceaux. Qui ose dire alors que si les principes du Quaker lui permettaient de devenir soldat, il ne serait pas le meilleur soldat du monde?

« *Qui est-ce qui va jamais à la guerre à ses propres dépens ?* » demanda autrefois *l'Apôtre des Gentils*, sans peur de recevoir une réponse affirmative à son époque. Mais depuis deux siècles on a pu répondre :« le Quaker », qui, *à ses propres frais,* a fait une campagne incessante contre le mal et en faveur du bien, et qui n'hésite jamais, quand il se trouve appelé, à quitter ses affaires, à quitter même son pays, pour lutter corps et âme contre les malheurs nombreux qui affligent l'humanité, et parmi lesquels il considère la guerre comme une des malédictions les plus amères qui oppriment les nations — et tout cela, sans esprit de propagande et sans espoir d'autre récompense que celle de la conscience satisfaite.

Ainsi depuis plus de deux siècles cette Société n'a jamais cessé de proclamer ces grandes vérités : *que Dieu a fait d'un seul sang tout le genre humain ; que l'Évangile est un message universel d'amour et de paix, et que la guerre, quel qu'en soit le motif, est un crime, et qu'elle est en contradiction formelle avec l'esprit et le précepte de notre divin Rédempteur.*

N° 4. — *La plus grande simplicité dans la manière de dire la vérité,* comme Jésus-Christ le recommande en n'affirmant rien que par *Oui* ou *Non,* sans aucune autre protestation ou aucun serment, comme forme plus convenable à la droiture évangélique, et cela parce qu'il le défend expressément; et en second lieu parce que, se trouvant obligés par leur religion à dire la vérité, tout serment est inutile. Mais en même temps ils consentent, s'il leur arrive de dire une fausseté, à être punis aussi sévèrement que les autres le sont pour un parjure. Les Amis ont conséquemment toujours refusé de prouver par le serment la vérité de leur témoignage; et pour cette conduite ils eurent à supporter, pendant de longues années, de grandes souffrances. Sous le règne de Charles II par exemple, leurs ennemis se servirent, à défaut d'autre prétexte, du serment *d'Allégeance et de Suprématie* (1) pour leur appliquer la peine de la prison; et en conséquence beaucoup d'entre eux furent jetés dans des cachots pour y rester une grande partie de leur vie. Toutefois leur fermeté et leur patience ont enfin prévalu, et, en 1696, *la liberté de conscience, en ce qui regarde la Société des Amis, devint pleine et entière, et, par des Actes passés à cette époque et plus tard, leur simple affirmation devait être reçue et regardée comme suffisante devant tout tribunal, et dans tous les cas où le serment devrait être exigé des autres.* Quel témoignage plus beau peut-on rendre au courage et à la droiture d'une Secte autrefois si méprisée!

N° 5. — *Le refus de payer une dîme et des impôts pour les ecclésiastiques d'une religion de l'État,* et cela pour deux raisons : la première, c'est qu'ils croient que toute contribution forcée, même pour soutenir les Ministres de l'Évangile, n'est ni légitime ni conforme aux commandements du Sauveur, qui a dit : « *Vous l'avez reçu gratuitement, donnez-le de même.* »

Ils croient du moins que si l'on contribue au soutien des Ministres de l'Évangile, toute contribution de ce genre doit être libre et non forcée. Leur seconde raison, c'est que les Ministres de la religion de l'État, soutenus par des *dîmes,* ne peuvent être des Ministres selon l'Évangile, mais selon l'esprit humain et les talents humains; de sorte que ce n'est ni par humeur ni par caprice, mais par un motif de conscience, qu'ils croient ne pas devoir contribuer à soutenir ces Ministres, parce que ces sortes d'emplois ne sont que trop visiblement des moyens de s'agrandir dans le monde. Plusieurs anciennes lois furent ressuscitées pour imposer l'uniformité des cultes et obliger les Amis à payer les *dîmes* sous peine d'être privés

____

(1) Serment de fidélité au Monarque comme Souverain dans l'État et dans l'Église.

de leurs biens. Il arriva donc que pendant plusieurs années on ruina leurs propriétés pour satisfaire aux exigences d'une hiérarchie rapace, de sorte que beaucoup de Membres furent tellement dépouillés qu'il ne leur resta pas même assez pour entretenir leur vie.

D'après ces principes les Amis ont toujours refusé, n'importe sous quelles peines, de payer des taxes pour l'Église ; et nul même de leurs propres Membres ne reçoit de dédommagement pour le service religieux qu'il rend à la Société.

Il est certain qu'à cause de ces particularités on trouva les Amis bizarres, même désagréables, et on les accusa de vouloir bouleverser le monde comme les premiers Chrétiens eux-mêmes.

Ils ont commencé dans l'humilité, méprisés et haïs ; ils n'ont point dû leurs succès à la sagesse et à la puissance humaine, comme on peut le reprocher en partie à d'autres Réformateurs qui ont paru avant eux. Au contraire, *c'est par la croix qu'ils se sont avancés en tout.*

Ils ont eu à lutter contre les mœurs, les cultes, les usages et les coutumes de ce monde. En un mot, *ils sont arrivés où ils en sont contre vent et marée ;* et quoique les Membres primitifs ne fussent ni grands ni savants dans l'opinion du monde — car dans ce cas ils eussent trouvé assez de prosélytes prêts à embrasser leurs doctrines sur parole — cependant la Société des Amis fut en général composée des hommes les plus modérés et les plus religieux des classes auxquelles ils avaient appartenu — la plupart gens de sens, de crédit et de bon renom. Plusieurs d'entre eux, d'ailleurs, ne manquaient ni de talents, ni de science, ni de fortune, quoique comme autrefois « *il n'y eût pas beaucoup de sages, ni de nobles qui fussent appelés* », et cela parce qu'on prévoyait les tribulations auxquelles, comme Membre de cette Société, on serait exposé (1).

Parmi les hommes qui s'attachèrent à la Société des Amis à cette époque, le plus célèbre fut Guillaume Penn, fils de l'Amiral Sir Guillaume Penn, l'ami intime de Charles II d'Angleterre et de Jacques II son frère. Le fils, qui avait consacré tous ses talents à défendre la liberté civile et religieuse, et qui avait

______

(1) Les tribulations, c'est-à-dire les afflictions ou les angoisses ; — ce terme qui date de l'époque de l'introduction du Christianisme dans l'Empire Romain se dérive du mot *tribulum*, — l'instrument par lequel l'Agriculteur Romain séparait le grain de la paille ; et c'est pourquoi les Chrétiens primitifs ont adopté le mot *tribulatio* pour exprimer comment l'adversité et la détresse sont les moyens chez l'homme de faire la séparation de ce qui est solide et vrai de ce qui est faux et léger, — le froment de la balle.

même beaucoup souffert pour cette cause, supplia le monarque et souvent avec succès en faveur de ses frères en affliction. Mais, voyant toute son influence impuissante à les mettre à l'abri des cruautés de leurs ennemis, il se décida à la fin, en 1681, à consacrer sa fortune à fonder dans l'Amérique du Nord une colonie où les Quakers pourraient jouir, sans plus d'entraves, de cette liberté politique et religieuse pour laquelle ils avaient depuis si longtemps lutté en vain dans leur patrie.

Cette colonie (Pensylvanie) (1) qui, avec son chef-lieu (Philadelphie) (2), porte des noms commémoratifs également de son Fondateur et de la Société des Amis qui la peupla, devint et continue d'être un des États les plus remarquables et les plus prospères des États-Unis; et de là les Quakers se sont ramifiés par toute l'Union, où ils ont toujours joué un rôle important, et sont devenus très-nombreux (3).

Voilà donc brièvement quels sont les Quakers dans leur origine, leurs principes et leurs progrès; liés entre eux et liés au bien. Ils ne sont pas les privilégiés de la naissance, ni en général de la fortune, mais des braves gens de tous rangs qui vivent de leur intelligence ou de leurs bras, et toujours distingués par leurs mœurs simples et loyales et par leur assiduité dans les affaires; — une Société de vrais et véritables amis pour s'entr'aider et pour soulager l'humanité souffrante, — une Société qui, fidèle à ces principes nobles et sublimes, dont *elle ne fait pas seulement profession, mais qu'elle met en pratique*, a compté parmi ses Membres plusieurs philanthropes des plus célèbres du monde — tels que Penn, Lancaster, Grellet, Allen, les Howard, Buxton et Mme Fry, dans le passé; et Sturge, Pease et Bright de nos jours (4).

(1) *Contrée forestière de Penn.*
(2) *L'amour fraternel.*
(3) Pendant que la Société des Amis ne compte que 17,000 Membres dans la Grande-Bretagne et en Irlande, ils excèdent 57,000 dans l'Amérique du Nord, et de plus, entre 30 et 50,000 appartenant à une branche de la Société s'appelant des Amis, mais qui se sont écartés en quelque manière des doctrines de la Société primitive.
(4) Le nom d'Étienne de Grellet du Mabilier, né à Limoges en 1773 d'une famille de haute distinction, son père étant contrôleur de la Monnaie, conseiller et ami intime de Louis XVI, mérite une mention toute spéciale dans ces pages. A l'âge de vingt ans, après avoir traversé toutes les horreurs de la première Révolution, et vu la confiscation de sa propriété patrimoniale, il se retira en Amérique où,

La Société des Amis (Quakers) ne ressemble nullement donc à aucune autre Société vulgairement dite *religieuse ;* et ces sommes énormes que cette Société consacre à faire le bien, ne proviennent d'aucun fonds fixe ou héréditaire, mais des souscriptions faites par ses Membres de toutes conditions au moment du besoin, et avec une générosité telle, qu'elle entraîne un grand nombre de gens qui ne sont pas Quakers à suivre leur exemple et à faire des dons pour le but proposé ; pendant que leur enthousiasme en faisant le bien, et leurs talents administratifs — résultats de longues expériences — aussi bien que leur abnégation, sont des choses tellement reconnues qu'elles leur attirent les souscriptions et commandent la confiance, même de ceux qui n'appartiennent pas à la Société (1). Ces budgets de bienfaisance ne proviennent pas non plus de l'abondance des opulents. Ils représentent autant le denier de la veuve que les millions du riche — témoignage frappant de la vraie Fraternité et de la vraie Charité Chrétiennes.

Ce sont des Membres de cette Société qui, depuis plus d'un an, se sont dévoués à secourir les victimes innocentes de la guerre en France ; et quoique leurs principes et leur conduite puissent paraître bizarres à ceux qui n'ont pas étudié sérieusement leur histoire, il est évident qu'ils ne les ont adoptés ni par caprice, ni par envie de se singulariser, ni pour contredire le monde, ni pour former une secte à part, mais par l'effet d'un sentiment intérieur qui les amena forcément à se distinguer ainsi, et à se dévouer à faire le bien sur la base de la charité la plus large et la plus pure. *Leur religion n'est pas une abstraction de la tête ; mais une religion de cœur, qui ne se manifeste pas en se retirant du monde pour passer la vie en méditations religieuses ; mais une religion qui descend dans toutes les relations de la vie, et qui les amène à faire bien leurs devoirs dans le monde par l'exemple qui est plus puissant que le précepte, au lieu de chercher à vivre à part du monde, comme ceux qui professent de*

faisant plus tard connaissance des principes et des actes des Quakers, il se déclara Membre de leur Société, et consacra au moins cinquante ans — le reste entier d'une longue vie — comme Missionnaire dévoué, visitant dans son zèle tous les États-Unis, le Canada et les Indes-Occidentales, s'occupant de l'Amélioration de la Discipline des Prisons, de la Libération des Esclaves et de l'Éducation du Peuple. Dans le même but philanthropique, il visita tous les pays de l'Europe, puis il mourut à Burlington (New-Jersey) en 1855, *âgé et rassasié des jours, riche de foi et de bonnes œuvres.*

La Biographie intéressante de cet homme remarquable sera bientôt présentée, nous l'espérons, à l'appréciation de ses compatriotes.

(1) De sorte que les Quakers sont devenus les dépositaires et les administrateurs des dons d'un grand nombre de gens charitables qui ne sont pas Membres de la Société.

s'en séparer comme d'un lieu de corruption, ignorant ainsi que Dieu a créé l'homme pour vivre dans le monde et pas à côté.

De là viennent des conseils tels que ceux qui suivent, adressés aux Membres :

CONSEILS

DONNÉS

AUX MEMBRES

DE

LA SOCIÉTÉ DES AMIS

(QUAKERS)

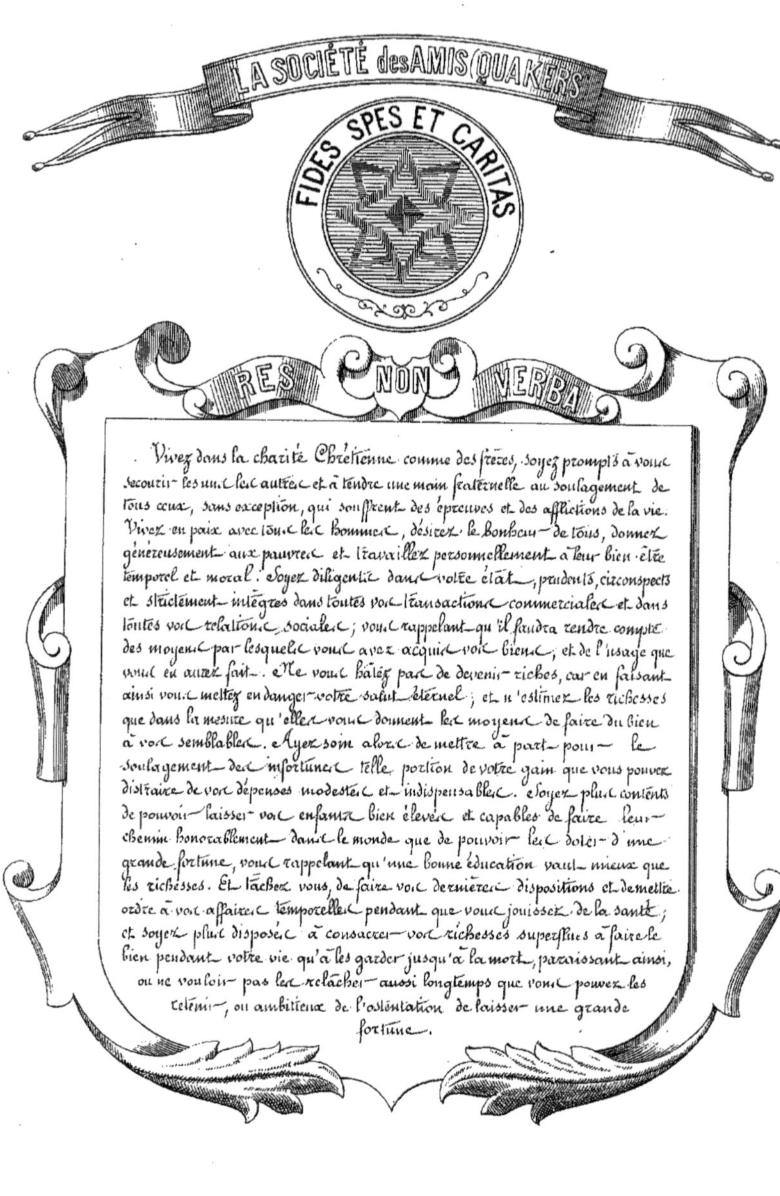

Vivez dans la charité Chrétienne comme des frères, soyez prompts à vous secourir les uns les autres et à tendre une main fraternelle au soulagement de tous ceux, sans exception, qui souffrent des épreuves et des afflictions de la vie. Vivez en paix avec tous les hommes, désirez le bonheur de tous, donnez généreusement aux pauvres et travaillez personnellement à leur bien-être temporel et moral. Soyez diligents dans votre état, prudents, circonspects et strictement intègres dans toutes vos transactions commerciales et dans toutes vos relations sociales; vous rappelant qu'il faudra rendre compte des moyens par lesquels vous avez acquis vos biens; et de l'usage que vous en aurez fait. Ne vous hâtez pas de devenir riches, car en faisant ainsi vous mettez en danger votre salut éternel; et n'estimez les richesses que dans la mesure qu'elles vous donnent les moyens de faire du bien à vos semblables. Ayez soin alors de mettre à part pour le soulagement des infortunés telle portion de votre gain que vous pouvez distraire de vos dépenses modestes et indispensables. Soyez plus contents de pouvoir laisser vos enfants bien élevés et capables de faire leur chemin honorablement dans le monde que de pouvoir les doter d'une grande fortune, vous rappelant qu'une bonne éducation vaut mieux que les richesses. Et tâchez vous, de faire vos dernières dispositions et de mettre ordre à vos affaires temporelles pendant que vous jouissez de la santé; et soyez plus disposés à consacrer vos richesses superflues à faire le bien pendant votre vie qu'à les garder jusqu'à la mort, paraissant ainsi, ou ne vouloir pas les relâcher aussi longtemps que vous pouvez les retenir, ou ambitieux de l'ostentation de laisser une grande fortune.

Tels sont en quelque sorte la doctrine et le témoignage distinctifs des Quakers; tels sont leurs principes et leurs actes. Chez eux, la spéculation et la réalité, la théorie et la pratique, les discours et la conduite de la vie s'accordent.

« Res non Verba » : —

(*Des actes non des paroles*), c'est leur noble devise, et ils lui font honneur.

« Fides, Spes et Caritas » : —

(*La foi, l'espérance et la charité*) forment la fondation de ces principes que par le précepte et par l'exemple les Quakers recommandent au monde comme l'étoile indicative où trouver le Sauveur des hommes.

Mais cette courte esquisse de l'Histoire de la Société des Amis serait incomplète si nous ne parlions de quelques-unes de ces grandes Réformes Politiques et Morales qui doivent leur initiative et leur succès au dévouement philanthropique de cette Société, plus qu'à l'influence de toute autre association. Parmi les plus remarquables, nous voulons indiquer :

L'Amélioration de la Discipline des Prisons, de la condition terrible desquelles tant des Membres primitifs de la Société des Amis avaient personnellement fait la triste expérience. Cette œuvre ardue et charitable fut inaugurée par le Fondateur même de la Société, et personne n'a eu raison plus que lui de chercher cette réforme, car une grande partie de sa vie s'est passée dans des cachots. Suivant ses inspirations, Penn organisa les prisons de Pensylvanie, de manière qu'elles devinssent des établissements d'industrie et de bonne éducation ; et les Membres qui, après lui, se sont distingués principalement par leurs efforts remarquables pour ce but, furent les philanthropes Howard, Grellet, Barry, Buxton et Mme Fry, tous de renommée plus qu'Européenne, car il n'y a presque pas un pays civilisé qu'ils n'aient visité en poursuivant l'accomplissement de leur noble mission; et à Kherson, aux bords de la Mer Noire, en 1790 mourut Howard, épuisé des fatigues et des maladies qu'il avait souffertes par suite de son dévouement remarquable, mais pas avant d'avoir vu des fruits de ses grands efforts (1).

L'Adoucissement des Peines appliquées aux Crimes et aux Délits — réforme réclamée pour la première fois du parlement de Cromwell, par Fox, le Fondateur de la Société des Amis. « *Ne permettez pas,* leur dit-il dans une supplique contre les lois oppressives, *que personne subisse la peine de la mort pour avoir volé du bétail, ou de l'argent, ou n'importe quoi ; ou pour avoir été braconnier, faux-monnayeur ou faussaire. Regardez la loi de Dieu, qui est l'équité et toujours proportionnée à l'offense.* » Les principes humains du Fondateur de la Société furent adoptés par Penn dans le code qu'il rédigea pour le Gouvernement de Pensylvanie.

Selon ce code :

(1) Depuis que nous avons écrit ces lignes, nous venons d'apprendre que la Société des Amis a possédé plusieurs philanthropes du nom de Howard, mais que Jean Howard, quoique toute sa vie fut réglée selon les préceptes et l'exemple des Quakers, ne se déclara jamais *Membre* de leur Société.

Le *Meurtre* prémédité et la *Trahison contre l'Etat* étaient les seuls crimes punissables par la mort, pendant que la coutume de *Prêter Serment* était entièrement abolie — même le serment de fidélité à la Constitution — « *Seule Constitution*, a dit Voltaire, *qui ait été fondée sans serment et qui n'ait jamais été violée* »; et c'est un fait bien connu, que la Société des Amis a toujours cherché l'atténuation des peines imposées par les lois.

La Liberté des Cultes. — La Société des Amis s'est toujours distinguée en soutenant la cause de la liberté civile et religieuse, et par leur courage, leur fermeté et leur patience pendant de longues années de persécutions cruelles, aussi bien que par leur exemple, ils ont contribué beaucoup à obtenir l'Acte de *Tolérance* en 1688, par lequel chaque individu était libre de suivre les inspirations de sa conscience sans encourir de peines ou perdre ses droits civils. Cet Acte fut étendu même par Penn dans son code, en admettant non-seulement chaque religion qui reconnaissait l'existence de Dieu, mais en faisant éligibles aux emplois du Gouvernement ceux qui la professaient. Depuis cette époque, la liberté complète des cultes a existé aux États-Unis comme] en Angleterre et dans ses colonies. De là dérivait tout naturellement :

L'Abolition de l'Esclavage. — La condition de la race Africaine et des Indiens de l'Amérique du Nord a beaucoup occupé l'attention et la sympathie de Fox. Dans ses correspondances, nous trouvons qu'une des premières choses qu'il fit en arrivant dans les Indes-Occidentales fut de convoquer ses amis et de les exhorter « *à soigner l'éducation de leurs esclaves, à les traiter doucement, et après quelques années à les mettre en liberté,* car, dit-il, *la liberté du corps, comme celle de la conscience, est le droit de tous les hommes.* » Penn a suivi ces préceptes dans ses relations avec les Indiens, et par l'exemple d'une conduite juste, généreuse et sans reproche envers eux, il a essayé de préparer leurs esprits à la réception des vérités Chrétiennes. Les Quakers furent les premiers alors, dans les Indes-Occidentales, à mettre leurs esclaves en liberté, et par leur exemple ainsi que par leur zèle pour la cause, ils ont contribué énormément à l'abolition de l'esclavage dans toutes les colonies Anglaises. De nos jours même, nulle association n'a fait autant que la Société des Amis pour l'abolition de l'esclavage dans les États-Unis, premièrement en mettant en liberté ses propres esclaves, puis en aidant d'autres à s'échapper des mains de leurs cruels maîtres, et en soutenant toujours la cause de l'abolition jusqu'à sa réalisation (1).

Un autre sujet qui avait attiré l'attention du Fondateur de la Société fut :

La Promotion de l'Éducation pratique du peuple, dans l'espoir d'améliorer sa condition. A cette époque éloignée même (1657) furent établies par son influence des écoles pour cet objet, et plus tard leur existence fut encouragée par la Société dans toutes les grandes villes, les bourgs et autres endroits où c'était nécessaire. Cet exemple fut suivi par Penn immédiatement après la fondation de la colonie de Pensylvanie, et il établit dans la ville de Philadelphie une école supérieure avec une administration qui a existé jusqu'à nos jours, et dont le sceau porte pour devise : « *Une bonne éducation vaut mieux que les richesses;* » et depuis cette époque, la Société des Amis s'est dévouée à l'éducation du peuple, non-seulement par des efforts personnels, mais en consacrant des sommes énormes à cet objet. Dans cette courte esquisse, il nous serait impossible de nommer tous les Membres de cette Société, qui se sont distingués par leur dévouement à l'éducation du peuple, mais nous devons citer ici le nom de Lancaster, l'inventeur (1796) de ce système d'éducation pour les pauvres, connu sous la désignation de « *Système Mutuel* », et qui consacra toute sa fortune à fonder des écoles, et tout son temps à propager ce système; et celui de Pease, mort tout récemment à Darlington, qui pendant sa vie a donné plusieurs centaines de mille francs par an, et à sa mort a légué des fonds considérables pour le même but philanthropique (2). Nous voulons ajouter aussi que le Ministre actuel de l'Instruction publique en Angleterre, qui vient d'introduire avec succès un système d'*Éducation Nationale Obligatoire* — mais en même temps en principe le plus libéral, car il n'impose aucun enseignement religieux — est le fils d'un Quaker distingué.

Les luttes des Quakers pour *la Liberté Religieuse* ont naturellement eu pour effet de les rendre plus ardents à la recherche de *la Liberté Civile*, et conséquemment de :

(1) Par les Quakers Américains et notamment par Lévi Coffin, Membre distingué de la Société, s'est organisé ce qu'on appelait « *le chemin de fer souterrain* » — système qui consistait à faire passer secrètement le fugitif d'une famille Quaker à l'autre jusqu'à ce qu'il fût arrivé dans un pays de liberté, quoiqu'en faisant ainsi les Quakers s'exposassent aux peines sévères qu'ils n'ont pas toujours pu éviter.

(2) A l'OEuvre même des secours dont nous allons écrire le rapport, lui et sa famille ont contribué pour plus de 125,000 francs.

La Réforme Parlementaire, accordant au peuple un droit de suffrage plus étendu. Cette question n'a jamais eu de défenseurs plus zélés que parmi les Quakers, notamment Bright, qui pendant toute sa vie a été l'apôtre de toute réforme civile et morale en Angleterre.

Abolition du Serment. — L'opposition de la Société des Amis au serment a été couronnée de succès, comme nous avons déjà remarqué ; mais, depuis cette époque, l'opinion publique en Angleterre a suivi complétement leur exemple, et, par un Acte récent du Gouvernement, presque tout serment est aboli — changement étonnant ! car maintenant, dans nos cours de justice, on ne voit plus prêter serment par une personne sur cinq — économie de quelques milliers de serments par jour.

Comme moyen d'expliquer la fondation d'une autre Réforme de haute importance que les Quakers ont cherché à obtenir depuis le premier jour de leur existence comme Société, et dont ils s'occupent activement en ce moment, il faut citer un autre de ces conseils adressés aux Membres de cette Société, dont nous avons déjà fait des extraits : — *« Veillez les uns sur les autres pour votre bien, et s'il s'élève quelque sujet de plainte contre l'un de vos frères, agissez à son égard avec tendresse et en particulier, avant de communiquer à d'autres ce que vous avez à lui reprocher. Les Amis doivent en tout lieu conserver l'unité de l'esprit par le lien de la paix. »*

Il existe donc parmi les Amis un usage faisant partie de leur règlement, qui est très-important et très-salutaire. Il n'est point permis aux Membres de recourir l'un contre l'autre aux décisions judiciaires, mais tous doivent terminer promptement leurs contestations par le jugement impartial d'arbitres, — conduite qu'ils doivent observer autant que possible même envers ceux qui ne sont pas de leur Société — coutume qui, nous sommes heureux de le constater, devient de jour en jour plus générale en Angleterre.

Substitution de l'Arbitrage aux Procédés Judiciaires. — Nos grands négociants, et ceux qui occupent les premiers emplois de toute classe, ont pris l'habitude maintenant de soumettre chaque question en litige au jugement d'arbitres compétents et impartiaux, plutôt que de se présenter devant un tribunal. Comme cela, l'arbitrage va devenir, nous n'en doutons pas, la coutume universelle entre les individus ; et pourquoi, nous le demandons, ne deviendrait-il pas la coutume entre les nations où les questions à décider sont encore de plus haute importance pour le bonheur de l'humanité? Nous sommes heureux d'apprendre qu'en France aussi, on ne peut plus citer personne devant le juge de paix, sans l'avoir préalablement appelé en conciliation dans le cabinet de ce Magistrat.

Remplacer la Guerre par l'Arbitrage International. — Guidée par ces principes, la Société des Amis a toujours soutenu que par le moyen d'Arbitrage International toute guerre devrait et pourrait être évitée. Et pourquoi, nous le demandons, les nations ne doivent-elles pas constituer des cours d'arbitrage ayant le pouvoir d'imposer leurs décisions? Rien que la volonté ne manque pour arriver à cet heureux résultat, car, selon le proverbe, *qui veut, peut.*

Mais malheureusement, à l'époque où nous vivons, les principes d'une paix inviolable ne sont pas généralement reconnus, soit par les chefs des nations, soit par les nations elles-mêmes. Dans le temps même de tranquillité extérieure, chez ces nations même qui reconnaissent l'Évangile, on entretient des écoles militaires et d'autres établissements du même genre, dans lesquels on instruit les hommes au métier de la guerre, et où l'on nourrit à dessein leur cœur et leur esprit de toutes les folles idées de gloire et d'ambition humaine. Élever systématiquement des êtres raisonnables, possédant des âmes immortelles et tous créés par le même Père de miséricorde, dans l'art de se blesser et de se tuer les uns les autres et de déployer leur adresse à le faire de la manière la plus sûre, est une chose si diamétralement opposée au précepte divin, qu'il ne faut rien moins que la force de l'éducation et une longue familiarité avec la pratique et l'histoire de la guerre, pour se réconcilier avec la continuation de cette coutume antichrétienne et barbare — coutume qui enseigne aux hommes à consacrer le temps qui leur a été confié pour un plus noble but à chercher les moyens et à s'instruire dans l'art de porter chez les autres tous les genres de misère et la mort même, et d'abréger l'existence de ceux que Dieu a commandé de regarder comme frères. Comment un homme qui a visité une fois, même en imagination, les ambulances militaires et qui a vu les horribles maux qui s'y présentent : — ici, un jeune homme dont un obus a enlevé la moitié de la figure — là, un autre dont un boulet a emporté les jambes — ici, le fils unique de sa mère devenue veuve, dont une balle a traversé le poumon et qui vomit la vie avec son sang — dans un autre coin le corps mutilé de celui qui ne combattra plus, et qui ne reverra plus ses enfants sans abri, ni sa demeure en ruines, noircie par les flammes ; et tout ceci sans rien dire du carnage de la bataille et des cadavres qui couvrent la plaine en couches plus épaisses que les gerbes de la moisson ; comment un homme qui a eu ces spectacles sous les yeux peut-il parler légèrement de la guerre ? Voilà ce qui dépasse notre compréhension.

Et pourquoi faut-il de pareilles horreurs ? Est-ce que la guerre est un moyen rationnel ou Chrétien d'arranger les différends ? Personne qu'un insensé n'osera le dire. Le résultat d'une bataille ou d'une guerre ne décide jamais de quel côté vient l'offense, ou quelle est la partie lésée. Une telle lutte ne peut jamais régler la question d'équité, non plus que le combat qui a lieu entre deux taureaux dans les champs, qui se percent et s'éventrent jusqu'à ce que mort arrive ; ou entre deux chiens dans la rue, qui, l'œil furieux, la gueule sanglante, enfoncent leurs dents aiguës dans la gorge l'un de l'autre. C'est leur manière de terminer leur querelle ; qui ose dire qu'elle doit être la nôtre ? Mais est-ce que nous agissons mieux en faisant une guerre qui ne peut jamais décider qui a raison ou qui a tort, mais seulement quelle nation possède la constitution animale la plus forte, la plus capable de soutenir la pluie, la gelée, la faim ; quelle nation a plus d'hommes pour remplir les fosses et alimenter les sépulcres ; quel est le parti le mieux approvisionné de viande et de pain ; qui peut fondre les canons d'un plus gros calibre et qui portent le plus loin — questions qui n'ont rien à faire avec l'équité, et qui peuvent être parfaitement décidées, si cela était important, sans perdre la vie d'un seul homme ?

Sans aller plus loin, *considérons la lutte déplorable qui vient de se terminer*. Nous espérons que les terribles souffrances physiques et morales qu'elle a causées également aux deux peuples, vainqueur et vaincu, et l'abrutissement déplorable des combattants, ouvriront les yeux des Peuples sur ces horreurs et ces absurdités, et sur le devoir et la nécessité de chercher un moyen rationnel et Chrétien de régler les différends des nations, autrement qu'en s'égorgeant l'un l'autre.

Il est encore dans notre mémoire qu'en Angleterre, comme dans d'autres pays d'Europe, les insultes et les offenses s'arrangeaient toujours par des *Duels;* et qu'on soutenait que, pour maintenir et conserver son honneur, un homme devait avoir le droit de provoquer son adversaire, et de le percer de son épée, ou de lui loger une balle dans la tête ou dans le cœur. Mais nous avons vécu assez longtemps pour voir ces coutumes abandonnées en Angleterre comme elles devraient l'être partout ailleurs, comme contraires à la raison et opposées à la parole de Dieu, qui dit : « *Tu ne tueras pas.* » Et qu'est-ce que le Duel, sinon la guerre sur une échelle minime, mais encore moins coupable, puisque le combat se borne *à deux personnes qui y consentent*, et nullement comme dans la guerre, où *les vrais intéressés se tiennent à l'écart et sacrifient le bonheur et la vie de milliers de leurs frères, qui n'ont nulle cause de lutte ni rien à y gagner, et qui ne veulent pas combattre et refuseraient même absolument d'avancer, si on ne les abusait pas, et si la mort n'était derrière eux pour leur imposer ce qu'ils ne choisissent pas?*

Espérons, maintenant que le rideau est tombé sur cette tragédie sanglante à laquelle nous venons d'assister, que les victimes innocentes et les spectateurs terrifiés se réuniront pour forcer les Gouvernements Chrétiens à adopter des moyens de régler leurs différends, en rapport avec leurs professions religieuses. Et quant à l'Europe, nous en sommes convaincus, il n'y a pas un seul peuple qui ne fût que trop heureux de voir l'*Abolition de la Guerre.*

L'Arbitrage International est ce moyen que la Société des Amis a soutenu depuis de longues années, et qu'elle recommande activement en ce moment à l'adoption des nations civilisées.

Quel malheur, nous sommes forcés de le dire, que le Roi de Prusse n'ait pas inauguré cette ère bénie, quand à Gravelotte et à Sedan il avait repoussé les vagues de l'invasion ! C'eût été l'acte d'un homme de bien et un noble exemple pour l'imitation des autres puissances, et pour l'admiration du monde entier. S'il avait suspendu sa marche là, et dit à son ennemi battu : « Vous avez envahi mon pays, je n'en veux pas faire autant du vôtre, et maintenant, sur cette frontière, j'ai fait appel aux puissances neutres de l'Europe, pour la cause de l'humanité, pour qu'on ne répande plus le sang, pour qu'il n'y ait plus de mères qui deviennent veuves, ou d'enfants innocents orphelins; pour que les demeures heureuses ne soient plus pillées, désolées, ruinées. Je soumets la querelle à leur Arbitrage, et si vous ne voulez pas accepter leur décision, je vous tiendrai responsable des conséquences. » Par une attitude pareille, par un acte semblable, il aurait gagné une place plus noble qu'aucun Roi n'en tient dans les pages de l'histoire. Il aurait mérité les bénédictions des milliers d'hommes qui étaient près de périr, et qui, hélas ! ont péri; et il se serait préparé, pour le jour de sa mort, des réflexions plus agréables que le souvenir des applaudissements des Rois, des Nobles et des Guerriers intimidés ou intéressés qui l'ont proclamé Empereur. Il y a un titre plus noble que celui de Roi ou Kaiser, c'est celui de *Pacifique*. « *Bénis soient ceux qui procurent la paix, car ils seront appelés enfants de Dieu.* »

Voici ce que nous avions à dire sur la Société des Amis, connue aussi sous le nom de Quakers, quant à leur origine, leur organisation, leurs principes distinctifs et leurs actes. Il nous reste maintenant à faire connaître un exemple de *leurs Principes en Action*. C'est pourquoi nous avons cru que cette courte esquisse de leur histoire ne pouvait être mieux placée que comme Introduction au Rapport de la Répartition de ces Secours qu'ils n'ont été que trop heureux d'apporter à leurs frères Français aux jours de leur détresse — convaincus, comme nous le sommes, que nos Lecteurs se trouveront fortement intéressés par le Rapport d'une Œuvre dont le fruit ne peut pas être calculé par le secours matériel accordé, ni par ses effets immédiats; car c'est une Œuvre qui vivra des générations dans la mémoire reconnaissante du peuple Français.

EXPOSÉ DES MOTIFS

DE LA

SOCIÉTÉ DES AMIS (QUAKERS)

RELATIFS AUX SOUFFRANCES OCCASIONNÉES EN FRANCE PAR SUITE DE LA GUERRE ; RÉDIGÉ
PAR UN COMITÉ GÉNÉRAL DE LEURS MEMBRES CONVOQUÉ EN SÉANCE SPÉCIALE, AFIN
D'APPRÉCIER CETTE DÉTRESSE ET DE PRENDRE LES MESURES LES PLUS PROMPTES ET
LES PLUS EFFICACES POUR RÉPARER LES DÉSASTRES.

Les vues bien connues de la Société des Amis sur toutes les questions se rapportant à la guerre ont rendu difficile à beaucoup de Membres de coopérer d'une manière parfaitement satisfaisante aux efforts faits maintenant pour le soulagement des soldats blessés et malades.

Néanmoins les principes qu'ils professent comme Chrétiens les poussent à étendre sans réserve et de bon cœur leurs secours aux paysans et autres non-combattants qui souffrent dans leur personne ou dans leurs biens à cause de la guerre actuelle.

La valeur des céréales récoltées ou en culture et des outillages agricoles qui ont été consumés et détruits par les luttes des armées est incalculable. Il est notoire que des milliers de maisons et même des villages entiers ont été brûlés ou dévastés ; et dans beaucoup de localités les habitants n'ont ni abri, ni vêtements chauds pour l'Hiver, ni semence pour la terre, ni argent pour s'en procurer.

Ces ravages effroyables, inséparables de la présence de grandes armées en campagne, doivent inévitablement avoir ramassé sur les innocents, les faibles, les vieillards, les femmes et les enfants — multitude de veuves et d'orphelins par la guerre — une accumulation de souffrances qu'il est effrayant de contempler.

Ajoutez à tous ces maux le manque prolongé de nourriture et d'abri, et les maladies qui certainement viendront en foule à leur suite, et il sera manifeste que pendant l'hiver les souffrances des habitants éprouvés par la guerre augmenteront d'intensité, et feront encore un plus touchant appel à l'aide de ceux qui peuvent l'apporter étant exempts de telles horreurs.

Après la bataille de Leipsick, en 1813, le Royaume-Uni souscrivit et distribua 7,500,000 francs aux paysans et aux autres victimes de la guerre en Allemagne. Pendant et après la guerre des États-Unis, la bienfaisance Américaine et Anglaise contribua presque de vingt-cinq millions de francs à secourir la population nègre, et néanmoins cette somme fut insuffisante pour en écarter une mortalité effrayante.

Il sera évident alors qu'une guerre dans laquelle près d'un million et demi de soldats ont parcouru et dévasté une contrée aussi étendue, doit avoir causé une destruction que les dons les plus généreux seront impuissants à soulager suffisamment.

Notre politique nationale de non-intervention et la crainte que la médiation ne devienne l'intervention ont attiré sur nous l'imputation d'indifférence. Ce grief imaginaire devrait être pour nous un motif de plus pour attirer nos sympathies envers les victimes qui souffrent sans combattre.

Nous reconnaissons la puissance de l'appel contenu dans les paroles suivantes prononcées en faveur des paysans du Nord-Est de la France : — « Vous, nos frères anglais, vous connaissez le confort et la sécurité d'un pays où la maison de chaque habitant est son château ; pendant des siècles vous n'avez senti les ravages d'aucune invasion ; imaginez donc la destruction de tous vos moyens de subsistance et refusez alors — si vous le pouvez — de secourir et d'aider promptement vos voisins qui périssent. »

Il serait difficile d'énumérer combien notre liberté civile et religieuse, aussi bien que notre richesse nationale et individuelle, est due à la longue exemption des invasions armées auxquelles nos voisins désolés font une allusion si pathétique ; et quelle reconnaissance plus convenable pour une si bienfaisante exemption peut être offerte par la Nation Anglaise, et spécialement par la Société des Amis, que le don généreux et spontané de leur temps et de leur argent pour l'adoucissement de ces souffrances ?

Résolu conformément : — que la Société des Amis (Quakers), après mûre délibération sur les meilleurs moyens à employer, envoie dans les pays dévastés quelques-uns de ses Membres les plus capables d'apprécier la détresse, pour organiser et pour porter des secours prompts et efficaces.

RAPPORT

DE LA

RÉPARTITION DES SECOURS.

SECOURS A L'AGRICULTURE.

SEMENCES.

La Société des Amis commença son Œuvre de Bienfaisance dès la capitulation de Metz, au milieu de la famine et de la peste, de la désolation et de la mort qui régnaient dedans et au loin en dehors de cette ville infortunée; ainsi, dans toutes les contrées qui s'étendent entre la frontière Luxembourgeoise et la frontière Suisse, Longwy, Thionville, Metz, Briey, Belfort, Montbéliard, Pontarlier et leurs environs, avec tous les endroits intermédiaires qui avaient souffert, devenaient en même temps l'objet de leurs efforts (1). Sur toute cette grande étendue de pays, les Délégués de cette Société déployèrent leur zèle et se dévouèrent aux privations, aux dangers et même à la mort. Plusieurs parmi eux y ont souffert des maladies qui autant que la guerre ravageaient ces pays, et une Dame, Membre de la Société, victime de son dévouement, y reste enterrée loin de ses parents et de sa patrie. C'est aux efforts des Délégués de la Société des Amis que M. le Vicomte Drouyn de Lhuys, Président de la Société des Agriculteurs de France, faisait allusion dans son admirable discours prononcé le 15 janvier à la première réunion annuelle de cette Société depuis le commencement de la guerre, quand il disait : — « Des Délégués s'offrirent pour se rendre au milieu des ruines de nos villes et villages, pour distribuer des secours à nos cultivateurs dans la détresse. Courageux comme des soldats, ardents comme des missionnaires, réguliers comme d'excellents comptables, ils ont dressé avec une merveilleuse exactitude le bilan de ces opérations commerciales d'un nouveau genre qui consistent à toujours donner et à ne rien recevoir. »

Aussitôt que l'Armistice fut conclu, d'autres Délégués de la Société se di-

(1) Niederbronn, Phalsbourg, Bitche, Saint-Louis-Lambach, Toul, Fontenoy, Mars-la-Tour, Gorze, Ars-sur-Moselle, Rezonville, Saint-Privat, Pont-à-Mousson, Héricourt, Villersexel, etc., étaient tous secourus à l'heure de leur plus grande détresse.

rigèrent sur Paris, et commencèrent leur œuvre parmi les bourgs et villages ruinés autour de la capitale, où ils avaient déjà répandu des secours considérables avant le 18 Mars, lorsqu'ils furent empêchés temporairement de poursuivre leur mission, par les événements qui eurent lieu à cette époque — mission, cependant, qui a été depuis heureusement accomplie — quoique nulle partie peut-être de l'entreprise n'exigeât plus de perspicacité et de talent administratif que la Répartition des Secours aux Communes autour de Paris. Néanmoins les Délégués qui se sont dévoués à ce travail se sont montrés bien à la hauteur de leur tâche — comme le constatent les éloges qui leur sont faits de tous côtés (1).

Éloignée alors de la capitale pendant la durée du second Siége, la Société des Amis s'est dévouée plus spécialement à secourir les localités dans les provinces qui avaient le plus souffert de l'invasion — notamment les contrées déjà indiquées où son Œuvre avait été depuis plusieurs mois en pleine opération, et le Centre de la France, y compris les Départements du Loiret, de Loir-et-Cher, d'Eure-et-Loir et de la Sarthe, en un mot, la région s'étendant entre Montargis et Sablé, de l'Est à l'Ouest, et entre Brou et Romorantin, du Nord au Sud, et renfermant cette grande plaine de la Beauce, quadrilatère de quelque trente lieues carrées, autrefois grenier de la France, mais au moment où les Délégués commencèrent leur travail, à peu près un désert. Là d'autres Délégués s'empressèrent d'aller, impatients et préparés à commencer le grand œuvre de réparation qui les réclamait, voyant que l'époque des semailles était déjà très-avancée, que l'ennemi leur laissait le champ libre.

Les mesures pour secourir cette région immense avaient été déjà prises par la Société dès la fin de Février, quand deux de ses Délégués, comme pionniers, ne craignant pas d'affronter, pendant l'hiver rigoureux, les fatigues d'un voyage presque impossible au milieu des armées Allemandes, parcoururent à cheval tous ces pays, pour recueillir à l'avance les renseignements nécessaires à la réussite d'une entreprise si étendue et si importante.

Déjà des navires de la Société attendaient leur déchargement à Saint-Nazaire et à Nantes — déjà tous les magasins disponibles à ces ports

(1) Nous nous conformons, nous en sommes bien convaincu, aux vœux de ces Messieurs, en exprimant ici leur reconnaissance de l'aide prompte et efficace qui leur a été toujours prêtée par l'Administration Préfectorale de la Seine, sans laquelle la tâche leur aurait été presque impraticable.

étaient remplis — et déjà les quais mêmes étaient encombrés de ces semences diverses tant convoitées par les malheureux Cultivateurs qui priaient instamment de les avoir avant qu'il fût trop tard. Déjà nos Comités de Répartition organisés à Orléans, Blois, Vendôme, Châteaudun et au Mans étaient constitués et en rapports suivis avec notre bureau central établi à Tours — bifurcation des chemins de fer qui desservent les contrées secourues —· afin de mieux diriger nos opérations et d'avoir des relations constantes avec les Représentants de la Société Anglaise (*Seed Farmers' Fund*) siégeant dans la même ville — des relations indispensables à l'accomplissement d'une répartition équitable sur une échelle si grande — des relations amicales et intimes qui, nous sommes heureux de le constater ici, n'ont jamais été un seul instant interrompues par un malentendu quelconque, malgré le caractère compliqué de notre mission, et malgré des petites manœuvres politiques et des jalousies locales qui auraient pu nous causer des désagréments, si nous n'avions pas eu un but commun, et une mission au-dessus de toutes rivalités pareilles — *celui de secourir l'humanité souffrante.*

Toute l'organisation pour commencer la Répartition des Secours par la Société des Amis était complète, et les malheureux Cultivateurs s'impatientaient des délais, quand les Délégués furent arrêtés par une nouvelle difficulté, qui, pour quelque temps, prit l'apparence d'un obstacle presque insurmontable — *la difficulté du transport à l'intérieur.*

Pour arriver au plus vite, la Société ne se servait que de bateaux à vapeur; mais nous voilà maintenant à la porte des malheureux avec nos secours, sans pouvoir les faire entrer — pas un wagon de chemin de fer disponible, pas d'autre moyen de transport praticable.

Ce fut pour la Société et pour les Cultivateurs de ces contrées un moment de grande inquiétude, même de crainte pour un instant, de voir nos espérances de les secourir, échouer au port, à cause de la désorganisation complète de toutes communications et administrations civiles.

Mais grâce à la bonne volonté de l'Administration du chemin de fer d'Orléans (1); grâce à l'appui officiel du Gouvernement qui s'est montré

(1) Nous voulons profiter de cette occasion d'exprimer, au nom de la Société des Amis, notre vive reconnaissance de l'aide efficace accordée aussi par l'Administration du Chemin de fer du Midi, qui s'est montrée empressée de seconder les Délégués de la Société dans leur Mission de bienfaisance; ainsi que de témoigner aux Administrations des Chemins de fer du Nord, de l'Est et de Lyon notre reconnaissance personnelle du bon accueil qu'ils ont fait à nos démandes en notre caractère de Représentant de cette Société.

toujours sympathique à notre Œuvre — mais, grâce surtout à l'aide spéciale de ce Membre du Ministère, qui présidait à cette époque le Département de l'Agriculture, qui a constamment secondé avec grand empressement nos efforts pour panser ces plaies de son pays souffrant, que
nous avions été impuissants à écarter, et qui s'est dévoué comme martyr,
nous en sommes bien convaincus, à ce but noble et patriotique — *nous
sommes arrivés à temps pour répandre efficacement sur ces contrées nos secours
divers, soulageant ainsi au moment du besoin bien des misères; et de plus, inspirant
à ces gens découragés par les souffrances, de l'espoir pour l'avenir, en leur laissant
à perpétuité des fonds de charité considérables, et en resserrant plus fort ces liens
de fraternité qui doivent toujours unir les deux Peuples* (1).

Honneur soit rendu à la mémoire de cet homme dont nous ressentons
encore très-vivement la perte, car, comme étranger chargé d'une mission
de bienfaisance en France, nous nous sommes rendus souvent auprès de
lui, pour le consulter afin de mieux secourir ses compatriotes en détresse, et ainsi avons-nous appris à l'estimer comme un Ministre chez
qui la politique n'avait pu dessécher les sentiments du cœur — comme un
homme de qualités intellectuelles et morales supérieures à ce qui divise
généralement ses semblables dans leurs luttes ambitieuses — un homme
dont la perte doit être en ce moment certainement ressentie par tous ces
hommes de bien, de n'importe quelle secte religieuse ou parti politique,
qui se dévouent sérieusement comme lui à la réorganisation — à la régé·
nération de leur patrie.

Mais, heureusement pour notre mission, son poste s'est trouvé dignement rempli par un Ministre qui s'est montré également sympathique
à notre entreprise et aux souffrances des plus humbles de ses compatriotes,
ce qui nous est toujours un bon augure du caractère de l'homme, qu'il soit
Ministre ou simple particulier. Personne n'aurait pu se montrer plus em-
pressé à nous seconder dans nos efforts, ce dont nous voulons ici, au nom
de la Société des Amis, témoigner notre reconnaissance.

Grâce aussi à nos Comités de Répartition qui étaient choisis de manière
à représenter toutes nuances d'opinions politiques et religieuses, et qui ont
fonctionné dans la perfection et travaillé avec un entrain et un dévouement
que peuvent inspirer seuls le patriotisme et l'amour du bien, notre Entre-

(1) Voir pages 35 et 36.

prise entière a réussi au-delà de nos plus hautes espérances. Ce résultat, nous pouvons maintenant en témoigner avec pleine confiance, après plus d'un an consacré incessamment et minutieusement à l'administration et à la surveillance de cette Œuvre, et après une inspection personnelle que nous avons faite dans ces contrées, les parcourant en toutes directions, et nous entretenant avec les Maires des Communes, les Conseillers Municipaux et toutes classes de gens riches et pauvres. Nous n'avons reçu de nulle part une seule plainte ni de négligence ni de partialité dans la distribution de nos secours, et de tous côtés nous avons été comblés des expressions de reconnaissance en langage aussi simple que touchant, et venant visiblement du cœur — ce qui nous vaut mieux que toute éloquence. Évidemment la main qui a moissonné n'a pas oublié la main qui a semé. Espérons que ces gens éprouvés n'oublient pas non plus Celui sans la bénédiction duquel tous leurs efforts et les nôtres auraient été faits en vain.

A l'égard des Secours donnés par la Société des Amis à l'Agriculture dans ces contrées, voici ce que disent les Rapports des Comités Français auxiliaires :

« Ces Semences ont été une véritable manne céleste pour nos pauvres Cultivateurs ruinés par la guerre impitoyable, par la médiocre récolte de l'année précédente et par les gelées qui avaient détruit nos ensemencements d'Automne — *car la récolte de toute espèce de semences données par la Société des Amis a été abondante en quantité et en qualité supérieure, et c'est grâce à leur généreuse initiative que notre pays, de nouveau couvert de moissons, a pu éviter la famine.*

D'ailleurs la Société a tenu à imprimer à ses largesses un caractère de suite et de durée qui en multiplie les effets; elle prend pour ainsi dire sous sa tutelle ceux qu'elle assiste, et, par des combinaisons ingénieuses, elle leur assure le bénéfice de secours longtemps prolongés.

Ces Secours furent donc distribués à Titre de Dons ou à Titre de Prêts. La plus forte partie a été livrée en pur don aux campagnards les plus nécessiteux et ne cultivant pas plus de vingt Hectares; le reste a été prêté aux fermiers dont les approvisionnements étaient épuisés, à la charge par eux de rendre après la récolte un équivalent en nature ou en valeur, au profit des pauvres des mêmes Communes. » . . . .

Les secours distribués à titre de Prêts ont été rendus après la récolte soit en nature, soit en argent, aux Maires qui, après avoir consulté les Conseils Municipaux, ont dû les répartir à leur tour entre les plus malheureux de chaque Commune — manière d'agir qui a eu le double avantage d'être utile à la culture tout en secourant les Pauvres.

Le nombre des engagements résultant de Prêts dans l'Eure-et-Loir, le Loir-et-Cher et le Loiret fut très-considérable, au moins *Huit Mille,* et les Emprunts représentent à peu près 150,000 *Francs*, somme qui aura dû soulager bien des misères ; et ceci sans compter le secours et *le revenu annuel provenant de fermage des Vaches* indiqué ci-après (1).

INSTRUMENTS ARATOIRES.

Mais la Société des Amis a bientôt aperçu que dans plusieurs contrées ce serait peu de chose d'offrir les graines destinées à ensemencer le sol, s'ils ne donnaient en même temps *les moyens de faire les cultures,* rendues presque complétement impossibles par la destruction des instruments aratoires, et par la perte de chevaux ou de bétail, s'ajoutant à tous les autres désastres causés par la guerre.

Elle s'approvisionna alors de suite de *plusieurs variétés d'Instruments Aratoires, notamment de plusieurs Charrues à Attelage provenant des fabriques renommées de MM. James et Frédéric Howard, et d'une Charrue à vapeur et Outillage complet du système Fowler,* amené d'Angleterre malgré les difficultés énormes du transport qui se sont présentées à cette époque — Instruments perfectionnés et hautement appréciés qui furent immédiatement répartis et placés selon les besoins et les convenances des diverses localités secourues — la Société ayant le double but — *de secourir les Cultivateurs au moment voulu, et d'inaugurer un meilleur Système de Labourage* dont une longue expérience en Angleterre a constaté les avantages au quadruple point de vue — de la perfection du travail, de l'économie, de la diminution notable dans le nombre de chevaux, et de l'augmentation dans les rendements — avantages qui, nous sommes heureux de le savoir, commencent à être appréciés déjà dans les endroits où on a mis ces Instruments à l'épreuve, comme le témoignent les lignes suivantes relatives

(1) Voir page 40, note.

aux Départements de l'Est où l'Œuvre de la Société fut premièrement inaugurée :

« Mus par des sentiments de charité et de générosité dont la France ne saurait se montrer trop reconnaissante, les Quakers Anglais sont accourus. à la levée du blocus de Metz, à l'aide de notre malheureuse Lorraine. Tout le pays Messin proclame leurs bienfaits, leur courage et leur abnégation. Ne reculant ni devant la maladie ni devant la fatigue, prêts à se dévouer jusqu'à la mort (1), les Quakers et Quakeresses apportent aux populations ravagées par les armées, épuisées par la famine et par les épidémies, des Secours de toute nature : Vivres, Vêtements, Linge, Médicaments et Argent.

L'Agriculture doit aussi avoir sa large part dans ces distributions, dont le chiffre dépasse un Demi-Million de francs à Metz. Six Mille Sacs d'avoine, de pommes de terre, de semences de toute sorte, sont mis à la disposition des Cultivateurs de la Moselle. Mais les Quakers ne s'arrêtent pas là.

Au nombre des bienfaits dont notre malheureuse région est redevable à l'association des Quakers, figure *la mise en culture de près de Cinq Cents Hectares de terres les plus diverses, par la nature du sol, des pentes, etc., à l'aide du système de labourage à vapeur.*

Le système Fowler est là : acheter un Outillage complet à 62,500 francs, l'amener à Metz à travers toutes les difficultés que présentaient les transports à ce moment, s'installer et labourer près de Cinq Cents Hectares en quelques semaines, — tel est le complément de l'œuvre fraternelle poursuivie sans bruit, sans ostentation et avec une persistance qui ne se démentit pas un instant, par la Société Anglaise des Amis au secours des Cultivateurs Français.

Partout les labours ont été parfaits, et la Charrue à Vapeur a suppléé admirablement à l'absence des chevaux et des bœufs anéantis par la guerre et par le typhus.

L'empressement que les agriculteurs ont mis à profiter de la présence des appareils dans notre région, l'unanimité avec laquelle ceux qui les ont fait travailler sur leurs terres constatent les bons résultats obtenus, font mieux ressortir qu'un long discours les avantages qu'il y a à conserver dans notre pays les précieux instruments que, dans leur désintéressement, les Quakers viennent de nous céder à moitié prix, et pour comble de générosité de décider que cet argent soit donné encore aux pauvres provinces Françaises ravagées par l'ennemi. » . . . .

(1) Miss Allen est morte de la petite vérole, à Metz, en Décembre 1870.

Nous sommes heureux d'apprendre, au moment où nous écrivons, que l'Association Lorraine et Messine de labourage à vapeur qui s'est formée à cette époque, a bonne raison de compter sur la récompense de leur entreprise et que l'Outillage est activement employé, inaugurant ainsi une notable amélioration dans le système d'Agriculture de ces contrées, pendant que l'initiative de l'Association a déjà porté ses fruits, car dans les Départements voisins on se préoccupe de suivre l'exemple en fondant des Sociétés de Labourage et de Battage à Vapeur (1).

Par ces moyens et par un système de travail manuel que les Délégués de la Société des Amis organisèrent, afin de donner de l'emploi et un gagne-pain aux pauvres, sans les encourager dans leur désœuvrement, ils ont réussi à ensemencer en très-peu de temps toutes ces contrées. Ainsi ce qui paraissait à beaucoup de monde un obstacle insurmontable fut écarté par l'entreprise et l'énergie de la Société, un grand bien accompli au moment du besoin, et un progrès pour l'avenir garanti à ce pays.

BESTIAUX.

Mais la Société des Amis, qui a été témoin par ses Delégués des douleurs et des tristesses que cette année désastreuse a apportées à la France, et qui a vu ses champs ravagés, ses fermes détruites, ses granges pillées, son agriculture expirante et ses étables dévastées — qui a vu ces maux et a souffert de ces souffrances — voulait entreprendre l'œuvre de réparation en toute manière, autant qu'il était en son pouvoir. Dans ce but, elle faisait acquisition de Vaches Laitières avec leurs Veaux à l'étranger et en différentes contrées de la France, et elle en a fait la Répartition aux pays les plus éprouvés par la guerre, notamment dans le Haut-Rhin, dans le Loiret, et dans le Loir-et-Cher. De ces animaux destinés à secourir ces derniers Départements, on a fait une Exposition à Blois, le 17 août, à propos de laquelle nous voulons citer ici quelques extraits de Journaux publiés à cette époque :

(1) Voir p. 44.

«GRANDE EXPOSITION DE VACHES LAITIÈRES :

RACES NOUVELLES IMPORTÉES DE L'ÉTRANGER ET DE DIVERSES CONTRÉES DE FRANCE ,
OFFERTES EN SECOURS AUX CULTIVATEURS
ET VICTIMES DE LA GUERRE, PAR LA SOCIÉTÉ DES AMIS (QUAKERS).

Hier les différents Comités qui ont aidé la Société des Amis dans la répartition de leurs secours s'étaient donné rendez-vous à Blois, à l'occasion d'une Exposition de Bestiaux accordés par cette Société aux pauvres qui avaient perdu leurs animaux par l'invasion. Ces bestiaux étaient réunis sur la Place de la République, et faisaient une Exposition aussi merveilleusement comprise que parfaitement exécutée.

Il y avait 400 têtes environ de tous poils et de toutes races. Les unes parlaient Normand, d'autres beuglaient Espagnol; ici les Basquaises, là les Parthenaises s'étalaient avec les Aubracs dans toute leur gloire. Plus loin les enfants s'étaient groupés. On en voyait de tout petits qui, pauvres innocents! ne songeaient guère qu'aux douceurs du biberon, tandis que leurs aînés se donnaient l'apparence de Veaux qui ont déjà réfléchi et qui déjà connaissent bien des choses. Puis les trois Taureaux au mufle noir — un Andalou, un Basque et un Cotentin — que tout le monde admirait.

Et voici des Chèvres amenées de l'étranger, des Chevreaux indisciplinés, enfants gâtés, terriblement volontaires, impudemment familiers ou coquettement farouches. Puis voilà les Sultans, les Chefs, les Tyrans, les Boucs râblés, cornus, têtus, ces barbus tout-puissants, respectés de tous, donnant en somme une haute idée de l'autorité maritale dans la famille.

Tel était l'aspect de ce troupeau égaré dans une ville.

Tous ces animaux, parfaitement choisis, étaient en aussi bon état que possible, malgré les fatigues et les privations du long voyage que la plupart d'entre eux avaient dû soutenir.

Les races robustes auxquelles ils appartiennent font espérer aux localités dans lesquelles ils ont été répartis une véritable régénération du bétail. Nos cultivateurs se proposent de faire des expériences avantageuses avec cette grande et belle variété de sujets. C'est même là l'une des considérations qui ont guidé les achats du Représentant de la Société Anglaise.

Le tout, cédé en pur don aux communes du Loiret et de Loir-et-Cher (1), *formait un splendide cadeau,* pour lequel les remercîments les plus chaleureux ont été exprimés au Représentant de la Société dans le Banquet qui a suivi l'Exposition.

. . . . »

De ces expressions de reconnaissance au nom des Contrées Secourues, il suffira de citer ici le discours prononcé à cette réunion par M. le Préfet de Loir-et-Cher, qui a toujours témoigné une ardente sympathie pour notre entreprise, et a mis tant de soins et de zèle à recueillir des renseignements exacts relatifs à la Société des Amis, et qui peut par cela mieux que personne apprécier le caractère et l'étendue de leurs efforts :

Messieurs,

Je suis heureux, je suis fier d'occuper la position de Président d'un Banquet donné en l'honneur de la Société des Amis, et de leur digne Représentant parmi nous, à qui nous nous sommes tous empressés de faire un chaleureux et cordial accueil.

Je suis profondément heureux de lui exprimer la reconnaissance du Pays et les félicitations du Gouvernement.

Messieurs, c'est une des merveilles de notre époque, ces secours que la Société des Amis a répandus sur la France — bienfaisance vraiment grandiose qui heureusement ne s'est pas laissé dépasser par les infortunes également immenses de la Guerre — bienfaisance pure et simple, comme je le vois indiqué sur cet écusson qui décore l'autre côté de la salle, qui ne tient compte ni de nationalité, ni de politique, ni de religion — bienfaisance spontanée, émanation heureuse d'une Société libre formée

---

(1) Les Vaches données à ces Départements sont assurées, et confiées aux soins des Maires des Communes et aux Conseils Municipaux pour être affermées aux familles pauvres les plus dignes d'intérêt dans chaque Commune, à raison de 25 francs par an au profit des indigents. Ces animaux étant devenus ainsi la propriété des Communes, nous espérons qu'ils seront soignés aussi sérieusement dans l'intérêt des malheureux que s'ils appartenaient aux Conseils Municipaux personnellement, et que, dans le cas où les circonstances exigeraient la vente d'une Vache, les fonds en provenant ne seront employés que pour la remplacer, car, suivant les conditions indiquées, tout virement de ces fonds est expressément défendu. Dans des cas de mort également, l'argent provenant de l'assurance devrait être consacré à l'achat d'un autre animal convenable. Il est aussi recommandé qu'autant que possible des Veaux soient élevés, — afin que de toute manière il y ait à espérer que ce Secours devienne une source de charité toujours croissante et en perpétuité.

Les Chèvres ont été données à de pauvres familles ayant de nombreux enfants en bas âge.

dans la libre Angleterre, où le génie des particuliers, si fécond, si créateur, n'attend les inspirations d'aucun Gouvernement, d'aucune autorité officielle, pour faire le bien sans préoccupation ni de secte, ni de parti.

Les Secours ont dépassé toutes les espérances, et jamais l'histoire n'a présenté un pareil exemple de bienfaisance : car il semble que par une compensation miséricordieuse de la Providence, *à mesure que les moyens de destruction et les malheurs de la guerre grandissent dans le monde, s'accroît l'esprit de réparation, de sympathie et de générosité entre les hommes.* Et cette loi consolante nous est révélée par les actes de la Société des Quakers.

Ce sont des Membres de cette Société qui depuis plusieurs mois se sont dévoués avec tant de zèle à nous secourir, et qui, après avoir gagné le pain quotidien de leur famille, le soir reprenaient un nouveau labeur, et c'était pour la France. Pour ce travail accompli, pour ces services rendus, ils ne demandent d'autre récompense que la gratitude des Français (1).

Vous, Messieurs, qui avez aidé la Société dans l'administration de ses immenses secours, vous pouvez mieux comprendre les difficultés vaincues et les grands résultats obtenus, grâce à la puissance de cette Association, qui, par l'initiative privée, sans patronage, sans protection, sans intervention venue d'en haut, a réussi là où une organisation officielle, une action gouvernementale aurait échoué. Grâces soient donc rendues à ces hommes, soit en Angleterre, soit en France, qui ont dirigé cette entreprise énorme. Leur pouvoir administratif, leur dévouement philanthropique, leur abnégation, leur assiduité en affaires, leur enthousiasme pour faire le bien, ont été des choses inconnues dans ce pays avant nos jours.

Toutefois, le bienfait ne consiste pas uniquement dans les Hectolitres de Semences distribuées, dans les Charrues, les Animaux, les Vêtements, les Vivres et l'Argent si libéralement donnés. Je vois aussi dans leur œuvre un exemple salutaire qui mérite d'être compris par la France.

La Société des Amis nous révèle la puissance extraordinaire d'une Association libre et désintéressée, conduite avec intelligence et dévouement.

En dehors de l'État, poussés par le seul besoin de faire le bien, des hommes de toutes conditions se sont réunis, ont mis des fonds en commun

---

(1) Pendant six Mois le Comité Général tint à Londres des Séances hebdomadaires ; et pendant huit Mois le Comité Exécutif tint des séances journalières variant en durée de deux à ciuq heures, selon l'urgence ; — ensuite deux séances par semaine, et finalement une, suffisaient pour se tenir au niveau des affaires.

pour constituer en quelques mois un budget considérable, ont envoyé partout des émissaires qui ne redoutent pas plus les neiges des montagnes où ils cherchent ces beaux animaux que nous venons d'admirer, qu'ils ne craignent le front sévère des Administrateurs Français auxquels ils arrachent des réductions de tarifs, des trains spéciaux et toutes les faveurs nécessaires à leur œuvre. Et certes, dans les deux cas, il faut déployer la même énergie et le même courage — je ne suis pas suspect en l'affirmant!

« Plaise à Dieu que nous profitions tous de la leçon et de l'exemple que nous donnent ces hommes extraordinaires ! C'est là un grand exemple, je le répète, et que nous devons suivre ; *car sans l'initiative individuelle et l'effort de chaque citoyen, le Gouvernement resterait impuissant à panser les plaies de notre malheureux pays.*

Le désintéressement de cette Société me frappe également. Car, au milieu des passions politiques et religieuses, il est consolant de voir des hommes enflammés uniquement du désir d'être bons, pratiquer la philanthropie la plus haute, sans esprit de propagande et sans espoir d'une autre récompense que celle de la conscience satisfaite. »

. . . .

« Après ce discours, » dit le journal *le Loiret*, « plusieurs toasts ont été encore portés en l'honneur de la Société des Amis, et on s'est séparé enfin avec cette bonne pensée que le peuple Anglais, riches comme pauvres, comprenant ainsi la fraternité, devait se composer, aujourd'hui comme dans l'avenir, d'amis bien sincères et dévoués — amis bien rares assurément, car ils avaient paru en une heure de détresse, donnant par là un démenti solennel au distique du vieux poète :

> Donec faustus eris, multos numerabis amicos ;
> Tempora si fuerint nubila, solus eris : —

Dans les temps calmes, tu compteras beaucoup d'amis ; vienne l'orage, te voilà seul ! »

Mais, pour terminer cette partie de notre Rapport, nous ne pouvons mieux faire que de citer encore quelques extraits des Journaux d'Agriculture et des Comptes rendus par les Comités Français de Répartition des Secours donnés par la Société :

« Nous avons déjà parlé à plusieurs reprises des secours variés et importants distribués par la Société des Amis aux victimes de la guerre, dans Quatorze Départements de la France (1). Nous sommes heureux d'ajouter quelques renseignements.

La récolte des semences données (orge, avoine, pommes de terre, navets, haricots, graines fourragères et graines de légumes) a été abondante et de qualité supérieure. La subsistance des Communes secourues a été assurée pendant l'Hiver, et la culture du pays a reçu une impulsion nouvelle par l'introduction des plantes alimentaires parmi les céréales dont, jusqu'à ce jour, elle s'occupait exclusivement. Chacun s'applaudit d'une innovation qui assure d'abondantes ressources.

Les froids rigoureux de l'Hiver dernier avaient complétement détruit dans plusieurs contrées les froments semés à l'Automne de 1870. Mais les cultivateurs secourus par la Société des Amis ont presque partout remplacé les blés d'hiver par des orges et des avoines qui ont donné un rendement des plus satisfaisants.

La récolte des pommes de terre a été faite dans les meilleures conditions; les tubercules sont gros et nombreux; aucun n'a été atteint de la maladie; ils sont féculents et de bonne qualité.

Les racines de betteraves champêtres et celles des carottes fourragères sont longues et grosses ; mais il n'en est pas de même des navets, qui ont eu à souffrir fortement de la sécheresse au moment des semailles et encore après. Néanmoins le rendement est bon, et les navets jaunes pour la table ne laissent rien à désirer. Ils sont sucrés et fort nourrissants. On en fait de la purée presque égale à la purée de marrons.

Les magnifiques haricots flageolets d'Espagne donnés par la Société des Amis ont rendu de grands services aux petits vignerons qui ont mis ces semences dans leurs vignobles.

Le trèfle, qui avait manqué plusieurs années, a donné presque partout une récolte excellente ; celui qui a été semé au printemps a donné une bonne coupe, et, en plusieurs contrées, a été fauché deux fois.

La Société des Amis s'est efforcée aussi de combler les vides faits dans les étables des petits cultivateurs par les réquisitions de l'ennemi et par la peste bovine. Un grand troupeau de vaches laitières a été ramené de l'Espagne,

(1) Voir p. 47, note.

des Basses-Pyrénées, de l'Aveyron, de la Vendée et de la Normandie. Ces Vaches semblent devoir s'acclimater et répondre complétement aux intentions des Donateurs. Parmi elles, aucun cas de la maladie ne s'est déclaré. Les Vaches provenant de la Suisse et réparties dans le Haut-Rhin ont été aussi heureusement épargnées.

Parmi les autres secours importants donnés à notre agriculture par la Société des Amis, nous avons déjà signalé l'Outillage à Vapeur introduit dans nos contrées de l'Est. Nous sommes heureux d'apprendre que les cultivateurs de ce pays apprécient hautement ce système de labourage, et que la Compagnie qui a entrepris cette exploitation avec une si grande intelligence a raison d'espérer la réussite complète de cette expérience. » . . .

. . . .

« La Société Lorraine et Messine, » dit l'admirable Compte rendu du Comité de Répartition à Metz, « a conservé au pays ce précieux appareil et crée un lien de plus entre des compatriotes dont nous ne voulons point nous séparer. Nous avons toujours aimé à travailler dans l'intérêt de l'agriculture, mais en même temps nous étions certains de travailler pour la France, notre bien-aimée patrie ! N'en désespérons pas ! A elle toujours nos vœux, nos efforts et notre vie ! . . . . . . ; . . . . »

Ailleurs nous lisons :

« Jamais le souvenir des bienfaits de la Société des Amis (Quakers) ne s'effacera de notre mémoire. Oui ! toujours nous nous rappellerons le jour béni où apparurent dans nos murs désolés leurs zélés Délégués, qui vinrent nous offrir une première planche de salut après un si grand naufrage. Plusieurs Comités les avaient précédés et avaient donné leurs soins aux Ambulances Militaires, *mais personne avant eux ne s'était encore inquiété des souffrances de notre population civile si éprouvée.* Ils se sont présentés aux chevets de nos malades. Ils ne reculaient devant aucune fatigue, et pour tous ils avaient une parole du cœur — pour tous des conseils intelligents afin de hâter la guérison — pour tous aussi un secours efficace en argent, suivant la position des familles visitées, afin d'empêcher ces victimes innocentes de connaître les privations inévitables sans cela — soulageant ainsi de grandes infortunes. Ils ne voulurent pas non plus quitter notre Pays sans verser dans la caisse du bureau de bienfaisance une somme qui alimenta longtemps nos distributions de secours.

RELEVÉ GÉNÉRAL DES SECOURS ACCORDÉS AUX CULTIVATEURS FRANÇAIS
PAR LA SOCIÉTÉ ANGLAISE DES AMIS.

LONGWY, THIONVILLE, BRIEY, METZ, BELFORT ET LEURS ALENTOURS.

NATURE DES SEMENCES.	MESCRE par HECTOLITRES.	POIDS par KILOGRAMMES.	QUANTITÉ de TERRAIN ENSEMENCÉ par hectares.	VALEUR selon la moyenne de la Mercuriale entre le 15 Avril et le 15 Mai.
				francs.
Orge	8.330	»	7.725	291.210
Avoine	12.497	»	11.797	322.425
Pommes de terre	10.000	«	1.250	125.250
Graines fourragères	60	»	137	1.785
Graines diverses	122	»	1.226	18.300
Pannis	»	190	38	380
				789.350
Instruments Aratoires avec Charrue à vapeur	»	»	»	75.000
Bestiaux (vaches laitières)	»	»	»	27.000
Total	31.009	190	22.167	861.350
Report de la page suivante	63.776	40.697	41.795	1.935.227
Total général	94.785	40.887	63.962	2.796.577

Suivant le Relevé ci-dessus, les Secours divers accordés aux Agriculteurs Français par la Société (Anglaise) des Amis représentent :

	hectolitres.	kilogr.	hectares.	La valeur de
En Semences	94.785	40.887	»	2.611.530 fr.
En Terrain Ensemencé	»	»	63.962	»
En Instruments Aratoires				83.047
En Bestiaux				102.000

En Argent, tout compris, la somme de . . . . 2.796.577 francs.

DÉPARTEMENTS DU LOIRET, DE LOIR-ET-CHER, D'EURE-ET-LOIR ET DE LA SARTHE.

NATURE DES SEMENCES.	MESURE par HECTOLITRES.	POIDS par KILOGRAMMES.	QUANTITÉ de TERRAIN ENSEMENCÉ par hectares.	VALEUR selon la moyenne de la Mercuriale entre le 15 Avril et le 15 Mai.
				francs.
Orge	13.814	»	12.014	613.400
Avoine	16.004	»	18.575	573.184
Pommes de terre	30.000	«	3.000	375.000
Fèves et pois	134	«	147	6.612
Vesces	572	»	280	20.626
Sainfoin	24	»	19	1.573
Ray Grass	648	»	3.340	49.302
Sarrasin	1.500	»	1.575	10.639
Maïs	245	»	245	7.240
Haricots flageolets	670	»	380	75.690
Pois mouton	100	»	73	4.000
Graines diverses	47	»	470	9.400
Trèfles	»	31.472	3.147	70.680
Luzerne	»	1.943	87	3.686
Moutarde	»	3.500	300	3.400
Carottes	»	208	42	410
Panais	»	198	39	302
Choux	»	178	40	1.068
Navets	»	3.100	1.035	8.840
				1.832.250
Instruments Aratoires	»	»	»	7.047
Bestiaux (vaches laitières et veaux) (Loiret et Loir-et-Cher)	»	»	»	75.000
Total à reporter à la page précédente	63.775	40.597	41.795	1.935.227

OBSERVATIONS. — Les Secours ci-dessus ont été distribués comme Dons Gratuits aux Petits Cultivateurs jusqu'à 20 hectares, et aux Grands Cultivateurs à titre de Prêt, sous la condition qu'aussitôt la récolte faite, ils rendront l'emprunt en nature ou en valeur au Conseil Municipal de leur Commune pour être employé au profit des pauvres. De ces Emprunteurs, il y en a au moins 8,000, dans les deux Départements du Loiret et de Loir-et-Cher, et les Emprunts représentent à peu près 150,000 francs, somme qui viendra soulager bien des misères.

Les Vaches, étant devenues la propriété des Communes, ont été affermées dans le même but charitable, moyennant un prix de 25 francs par an chacune, aux familles désignées comme les plus dignes par les Conseils Municipaux.

Mais l'Œuvre par excellence créée ici par la Société des Amis fut *le Secours en Bétail* pour les cultivateurs ruinés par la guerre. Après tant d'hécatombes qui avaient dépeuplé toutes nos étables, il était indispensable, pour ramener la vie dans nos campagnes, de rendre aux plus pauvres ménages la vache qui assure leur existence; car, pour le plus grand nombre parmi eux, c'est le lait et la pomme de terre qui forment la base de l'alimentation. Ce qui donne aussi un prix inestimable à ces secours si promptement rendus, c'est l'effet excellent de l'exemple électrisant ainsi nos cultivateurs aisés qui ne voulaient pas rester en retard et qui se sont mis à regarnir au plus vite leurs étables dévastées. C'est ainsi que la contrée la plus ravagée se trouve peut-être aujourd'hui la mieux partagée de toutes celles qui ont souffert de la guerre. Et ce qu'il y a aussi de très-heureux pour nous, c'est que la Providence nous a épargné le fléau de la peste bovine, tandis qu'il sévissait dans tous les Départements qui nous avoisinent.

Grâce à l'abondance relativement grande de notre bétail, le prix de la viande a pu se maintenir à un taux inférieur à celui de la plupart des autres villes de France; et c'est là un avantage dont chacun profite sans se douter qu'il le doit à l'action si salutaire et si bienfaisante de la Société des Amis (Quakers), qui ont su faire un si merveilleux usage de leur dévouement. Que leurs actes soient bénis de Dieu! »

. . . .

Mais ne voulant pas, Monsieur le Président, vous occuper davantage des vagues renseignements relatifs à notre Œuvre, nous y ajoutons premièrement un Relevé Général des Secours accordés par la Société des Amis aux Cultivateurs Français.

Ce Relevé servira, nous l'espérons, pour renseigner Votre Excellence, en termes généraux, relativement aux *Secours répartis exclusivement parmi les Cultivateurs des différentes contrées de la France* par la Société des Amis.

SECOURS DIVERS.

Mais la Société ne voulut pas s'en tenir là. Elle a cherché plutôt à soulager la misère sous toutes ses formes, et par tous les moyens en son pouvoir — ne se bornant pas au secours de la population agricole, mais faisant part également aux familles malheureuses des villes et villages — employant d'ailleurs toutes les combinaisons de secours dont les circonstances actuelles de l'endroit ou du moment ont développé le besoin : ici des Médicaments, du Chauffage et de l'Abri; là des Vêtements, des Vivres et de la Literie; et partout de l'Argent *ou en don gratuit ou pour donner de l'emploi aux gens sans travail — car c'est un principe bien entendu de la Société, de n'encourager jamais ni la dispensation des aumônes sans discernement, ni le désœuvrement de ceux qui peuvent travailler, que ce travail soit rémunérateur ou non;* ainsi a-t-elle mis des hommes à bêcher la terre (1) et d'autres à exploiter des carrières (2) — des femmes de quelques bourgs et villages à tricoter et d'autres à coudre (3) — les enfants à apprendre un métier ou à aller en classe.

A propos de ces Secours variés, on a fait les remarques suivantes dans des Comptes rendus par les Comités Français auxiliaires : — « Les Dames Anglaises, dignes émules de leurs Maris, les voyant secourir si activement les campagnes, ont voulu de leur côté venir en aide aux ménages pauvres les plus dignes d'intérêt. Elles ont envoyé de nombreuses caisses de Couvertures et de Vêtements préparés en grande partie de leurs mains, qui ont été distribués dans tous les endroits secourus, par leurs propres Déléguées arrivées exprès, ou par leurs Sœurs Françaises; et sans le concours intelligent des Dames, pour lesquelles secourir le malheureux est devenu une sorte de profession, un travail aussi détaillé et exigeant tant de patience n'aurait pu s'accomplir avec tant de succès (4). Mais telle est la manière dont la *Société Anglaise des Amis ou Quakers* organise la bienfaisance. Ses Membres, tout en obéissant aux plus nobles inspirations de leurs cœurs, ont fait preuve d'un sens pratique consommé, et ils nous ont donné des leçons dont nous ferons bien de profiter. »

Quant aux Secours Divers distribués ainsi dans les différents endroits de la France, le Relevé qui suit en donne un aperçu complet et distinct.

(1) Dans les alentours de Metz, ainsi que dans plusieurs Communes autour de Paris.
(2) A Gravelotte, Jaumont et Phalsbourg.
(3) Dans les villages et bourgs autour de Metz, Belfort, etc., ainsi qu'à Paris et dans ses faubourgs.
(4) Voir p. 60.

A placer p. 56.

RELEVÉ GÉNÉRAL DES SECOURS ACCORDÉS PAR LA SOCIÉTÉ ANGLAISE DES AMIS AUX VICTIMES DE LA GUERRE DANS DIVERS ENDROITS DE LA FRANCE.

SECOURS EN VÊTEMENTS ET LITERIE.

DÉSIGNATION DES ENDROITS.	NOMBRE DE VÊTEMENTS POUR HOMMES ET PETITS GARÇONS.	NOMBRE DE VÊTEMENTS POUR FEMMES ET PETITES FILLES.	NOMBRE DE COUVERTURES DE LAINE ET AUTRES ARTICLES DE LITERIE.	TOTAL.
Communes autour de Metz, Belfort, etc.	4.756	7.673	1.234	13.663
Thionville et ses environs.	414	320	187	921
Caen.	»	395	»	395
Niederbronn (Bas-Rhin).	541	1.003	24	1.568
Villages autour d'Amiens.	664	1.583	70	2.317
Calais.	245	978	107	1.330
Nantes.	139	1.270	43	1.452
Communes autour de Paris.	9.780	26.413	1.701	37.894
Orléans.				
Blois.				
Vendôme.	3.098	6.060	1.004	10.162
Châteaudun.				
Le Mans.				
Totaux.	19.637	45.695	4.370	69.702

	FRANCS.
D'après le premier Relevé, les Secours accordés exclusivement aux Agriculteurs Français s'élèvent à	2.796.577
Et selon le second Relevé, les Secours accordés aux victimes de la guerre dans différents endroits de la France s'élèvent à	1.333.494
TOTAL	4.130.071

SECOURS DIVERS.

DÉSIGNATION DES SECOURS.	VALEUR.
	FRANCS.
Abri et Ameublement.	13.750
Vivres, Médicaments et Chauffage.	257.250
(Y compris la nourriture de 9,000 personnes, d'Octobre 1870 à Avril 1871.)	
Organisation d'emploi pour les gens sans travail.	50.525
(Y compris gages et diverses dépenses.)	
Vêtements et Literie.	232.969
DONS EN ARGENT	
A différents endroits de la France.	242.625
A 89 communes autour de Paris.	336.375
	779.000
TOTAL.	1.333.494

Suivant ces deux Relevés, les Secours en tous genres accordés à la France par la Société Anglaise des Amis s'élèvent alors à la somme de **4.130.071** francs.

RÉSUMÉ DES RÉSULTATS.

Nous voilà arrivés maintenant à l'appréciation des Résultats Matériels et Moraux de cette entreprise, dont nous faisons le Résumé ci-après :

Résultats matériels. — Nombre des Départements secourus , sans tenir compte des villes et localités isolées. . . . . Quatorze(1).

Nombre d'hectares de terrain ensemencés. 63.962

Nombre d'individus qui ont participé aux secours. . . . 162.379

Secours aux Agriculteurs exclusivement. . . . . 2.796.577 fr.

Secours aux Artisans, aux Indigents , et aux Victimes en général de la guerre. 1.333.494

Total. . . . . 4.130.071 fr.

Résultats moraux. — Mais le Bienfait ne s'arrête pas là. — Les fruits de cette Œuvre ne peuvent être calculés ni par les secours matériels accordés, ni par ses effets immédiats. Il faut y ajouter, comme un résultat remarquable, le renouvellement des sentiments d'amitié et de fraternité entre les deux Peuples — sentiments qui furent temporairement obscurcis, la France ayant pensé, à tort ou à raison, que l'Angleterre l'avait abandonnée dans son jour d'affliction amère.

Reconnaissance du Peuple. — Les sentiments des individus contribuent beaucoup à diriger la conduite d'une nation, et il y a des milliers de demeu-

(1) Les divers Départements secourus, sans tenir compte des villes et localités isolées, sont : Ardennes, Moselle, Meurthe, Meuse, Bas-Rhin, Haut-Rhin, Haute-Saône, Vosges, Doubs, Seine, Loiret, Loir-et-Cher, Eure-et-Loir et Sarthe.

res en France où les hommes se rappelleront toute leur vie, et raconteront à leurs enfants, comment à cette heure terrible, quand tout était ou semblait perdu, quand la ruine se répandait tout autour, quand la famine les regardait en face, quand les champs restaient incultes, quand il n'y avait d'ailleurs ni semence, ni argent, ni marché, quand les enfants criaient pour avoir à manger et qu'on n'avait rien à leur donner, quand les gens âgés et les enfants innocents, les malades et même les forts, victimes également de la disette, grelottaient de froid et n'avaient ni vêtements convenables pour se couvrir contre les rigueurs de l'Hiver, ni lits où se reposer, et trop souvent pas même un toit pour s'abriter la tête — ils raconteront comment les Délégués de la Société Anglaise des Amis ont quitté leur pays, ont quitté leurs affaires, et sont venus employer toutes les combinaisons de secours possibles pour soulager leurs misères. Ils diront comment ils ont été sauvés du désespoir et encouragés à envisager l'avenir.

Nous venons ici alors parler de la reconnaissance des efforts de la Société des Amis par le *Peuple Français* dont la gratitude s'est exprimée dans une foule d'Adresses émanant des Conseils Municipaux, des Comices Agricoles, des Comités auxiliaires locaux, des Préfets des Départements, des Maires des Communes, d'ailleurs, dans des lettres innombrables de Notables et d'individus de tout rang; pendant que la Presse a été prodigue de ses félicitations et de ses remercîments dans le même but; et ces expressions d'admiration et de reconnaissance ne se bornèrent pas aux simples paroles; elles ont pris même des formes tangibles en nombreuses médailles et en or et en argent, conférées à la Société des Amis, en commémoration de leurs généreux efforts.

Quoique les membres de la Société des Amis (Quakers) aient déjà trouvé, nous n'en doutons pas, dans leur propre conscience et dans la satisfaction d'un bienfait accompli, une récompense plus précieuse que tous les remercîments verbaux ou écrits — néanmoins nous pensons qu'il est bon de citer ici quelques exemples de ces nombreux témoignages de reconnaissance venant des Contrées secourues. Voici les sentiments du Département du Loiret:

« L'arrondissement d'Orléans exprime à la Société Anglaise des Amis toute sa reconnaissance pour les secours généreux qu'elle a bien voulu lui envoyer.

Envahies depuis Six mois, nos malheureuses campagnes transformées en champs de bataille ont été complétement dévastées, et pendant qu'un ennemi impitoyable enlevait les grains et les bestiaux, brûlait les instruments aratoires, incendiait les fermes et même de pauvres villages, un hiver aussi impitoyable faisait disparaître le peu de blé que nos agriculteurs, au milieu de dangers incessants, avaient réussi à confier à la terre. *Cette Beauce, si justement appelée le grenier de la France, ruinée par tous ces fléaux, était menacée de rester sans culture.*

Mais vos Délégués sont venus, — ils ont quitté leur pays, leurs affaires, — ils ont vu nos douleurs par eux-mêmes. A leur appel pour la France malheureuse, l'Angleterre a répondu. Vous avez donné les Semences, vous avez donné les Instruments Aratoires, vous avez donné les Bestiaux, vous avez donné l'Argent, les Vivres et les Vêtements.

Votre générosité a dépassé nos espérances. Chrétiens, vous nous avez montré comment on doit pratiquer la fraternité ; Dieu, dont vous avez été les agents, bénira vos semences ; elles fructifieront, et la France reconnaissante se rappellera toujours ce que sa Sœur l'Angleterre a fait pour elle, aux jours de nos malheurs. Si vous n'avez pas oublié *que nous avons reçu de la Population Agricole plus de Quatre Mille demandes de secours; que nous en avons satisfait une grande partie complétement, soit par dons, soit par prêts; que le surplus des demandeurs a reçu une notable partie du montant de leurs demandes ;* vous reconnaîtrez, nous l'espérons, Messieurs, que grâce à vos conseils et à votre appui, nous avons fait ce qu'il était possible de faire. Mais vous reconnaîtrez aussi et surtout que vous avez fait pour nous ce que nous ne pouvions pas espérer ; après avoir promis beaucoup, vous avez donné encore davantage, et cela sans ostentation, avec la modestie et le dévouement qui vous distinguent. Nous nous empressons de constater que vos Délégués ont triomphé d'obstacles que nous croyions insurmontables, lorsqu'il s'est agi de nous faire parvenir les dons jusque chez nous, francs et quittes de tous droits, alors que les services n'étaient pas encore réorganisés, que la ligne de Saint-Nazaire à Orléans était encore coupée, et que les communications avec le Ministre de l'Agriculture étaient presque impossibles. Par tous ces motifs et bien d'autres qu'il serait trop long d'énumérer, nous offrons à la Société Anglaise des Amis et à ses Délégués, l'assurance de notre reconnaissance la plus cordiale.

Une partie de ces semences a été donnée gratuitemement aux cultivateurs qui avaient le plus souffert de l'invasion Allemande, et l'autre partie prêtée aux agri-

culteurs faisant valoir de plus grandes étendues de terre, qui ont également beaucoup perdu par suite de l'occupation ennemie, mais qui seront en position de rendre, après la récolte, la quantité de graines par eux empruntée, au profit des pauvres.

« Grâce à cette combinaison, la Société Anglaise des Amis n'a pas seulement fait du bien aux petits cultivateurs malheureux, aux fermiers gênés, mais encore aux Communes qui, la récolte terminée, recevront la totalité des semences prêtées à leurs habitants, et pourront alors, pour leur propre compte, soit les prêter de nouveau à ceux qui en auraient encore besoin, soit les vendre pour en distribuer le prix aux pauvres, soit même les leur répartir en nature.

A tous ces titres nous devons donc une bien vive et bien sincère reconnaissance à la Société des Amis et à ses intelligents Délégués.

Espérons, Messieurs, que Dieu ne permettra pas que d'aussi bonnes semences, en aussi grande quantité, et si généreusement offertes, soient inutilement répandues sur le sol naguère si fertile de notre pauvre France, mais qu'il fera féconder et multiplier à l'infini les libéralités de nos amis d'Angleterre pour en perpétuer le souvenir.

Pour expliquer les bons rapports existant entre nos deux nations, les Orléanais pourront affirmer qu'ils n'y a pas de détroit entre la France et l'Angleterre, unies qu'elles seront désormais par les liens de la vraie Fraternité.

Entre nos deux pays, Messieurs, il n'y aura plus de querelles stériles, mais une union féconde ; et alors, soutenus par la religion du Christ, appuyés sur l'ordre et la liberté, nous marcherons à la tête de la civilisation du Monde. »

Reconnaissance de la Société des Agriculteurs de France. — Mais ce n'est pas de la reconnaissance *de la grande masse du Peuple* seulement qu'il faut parler.

La Société des Agriculteurs de France, qui représente les Notables de la Nation entière, a également témoigné combien ses Membres sont sensibles à l'Œuvre de la Société des Amis.

Ci-après est le Relevé des Secours divers accordés à la France par la Société des Amis — Relevé rédigé par leur Représentant à la gracieuse invitation de M. le Président de la Société des Agriculteurs, afin de le soumettre à leur appréciation

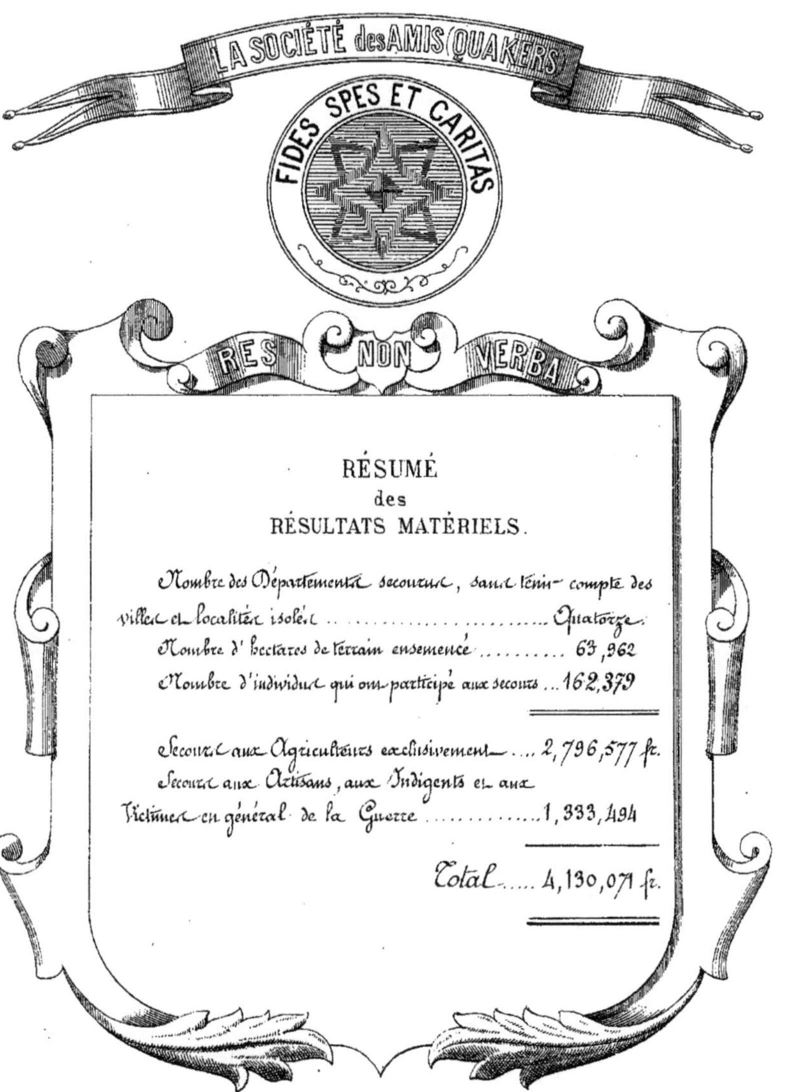

LA SOCIÉTÉ des AMIS (QUAKERS)
FIDES SPES ET CARITAS
RES NON VERBA
RÉSUMÉ
des
RÉSULTATS MATÉRIELS.

Nombre des Départements secourus, sans tenir compte des villes et localités isolées .... Quatorze
Nombre d'hectares de terrain ensemencé 63,962
Nombre d'individus qui ont participé aux secours ... 162,379

Secours aux Agriculteurs exclusivement .... 2,796,577 fr.
Secours aux Artisans, aux Indigents et aux
Victimes en général de la Guerre 1,333,494

Total ..... 4,130,071 fr.

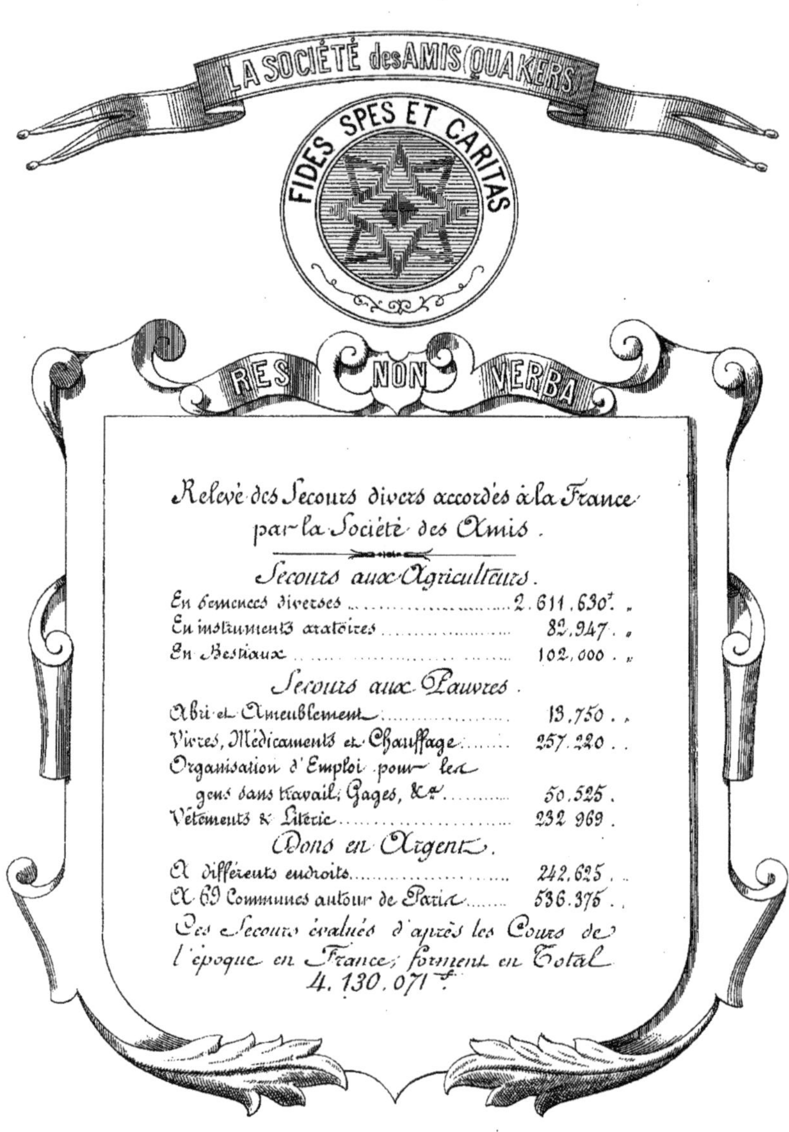

LA SOCIÉTÉ des AMIS (QUAKERS)
FIDES SPES ET CARITAS
RES NON VERBA

Relevé des Secours divers accordés à la France
par la Société des Amis.

Secours aux Agriculteurs.
En Semences diverses .... 2.611.630ᶠ .
En instruments aratoires .... 82.947 .
En Bestiaux .... 102.000 .

Secours aux Pauvres.
Abri et Ameublement .... 13.750 .
Vivres, Médicaments et Chauffage .... 257.220 .
Organisation d'Emploi pour les
    gens sans travail, Gages, &ᶜ .... 50.525 .
Vêtements & Literie .... 232.969 .

Dons en Argent.
A différents endroits .... 242.625 .
A 69 Communes autour de Paris .... 536.375 .

Ces Secours évalués d'après les Cours de
l'époque en France, forment en Total
        4.130.071ᶠ

Il est digne de remarque que ce ne fut pas avant l'Automne que la Société des Agriculteurs et son aimable et excellent Président eurent connaissance de l'aide efficace donnée par la Société des Amis à la population agricole de la France, par suite de la discrétion modeste avec laquelle cette Société avait conduit toutes ses opérations ; mais il faut ajouter que la Société des Agriculteurs a essayé depuis de témoigner en toute manière sa reconnaissance des efforts généreux de la Société des Amis. Non-seulement, dans le *Bulletin mensuel* de la Société des Agriculteurs de France, a paru article sur article en l'honneur de la bienfaisance de la Société des Amis, mais aussi, dans le *Journal officiel* de la République Française, M. Drouyn de Lhuys a écrit :

Le Relevé des Secours distribués par la Société Anglaise des Amis (Quakers) dans différentes parties de la France vient d'être arrêté définitivement.

Cette Société a donné à la France, en moins d'un an, une valeur dépassant Quatre Millions de francs.

Ces chiffres sont établis d'après des écritures régulières et une comptabilité aussi rigoureusement tenue que celle d'une maison de commerce de la Cité de Londres.

Aucun éloge n'atteindrait à l'éloquence d'un pareil chiffre.

La reconnaissance publique est acquise aux hommes généreux qui ont tant fait pour la France.

DROUYN DE LHUYS,
Président de la Société des Agriculteurs de France.

31 Octobre 1871.

Ajoutons que la Société des Agriculteurs de France a conféré unanimement au Président de la Société des Amis le titre de Membre Honoraire, et à deux Membres du Comité Exécutif à Londres, et au Représentant de la Société en France, des Médailles d'Honneur.

Nous venons finalement parler de :

La Reconnaissance du Gouvernement. — Dès le commencement de l'Œuvre, le Gouvernement a répondu avec empressement aux intentions et aux demandes de la Société des Amis, et fait tout ce qui dépendait de lui en accordant non-seulement l'exemption de droits, transport gratuit, et toute facilité de faire arriver les divers secours à l'intérieur, mais de plus, en payant les frais de transport de semences et des troupeaux de bétail sur plus de deux cents lieues de chemins de fer Espagnols, avant d'arriver aux Pyrénées.

La Paix une fois rétablie, le Gouvernement chercha encore à manifester sa reconnaissance et son estime pour les efforts de la Société des Amis, en conférant aux trois Membres des Comités auxiliaires Français, indiqués par le Représentant de la Société, pour leur dévouement patriotique, cette distinction tant convoitée — la décoration de la Légion d'honneur — distinction qu'il ne rechercha pas pour lui-même par respect pour les principes de la Société. Et de plusieurs manières et en plusieurs occasions depuis, le Ministère a témoigné sa haute appréciation, non-seulement des secours matériels donnés par la Société des Amis, mais de la sagesse et du soin avec lesquels ces secours ont été administrés, et des efforts dévoués et désintéressés des Membres de cette Société qui, et en Angleterre et en France, se sont consacrés avec tant d'assiduité et tant de persévérance à cette tâche philanthropique.

A cette époque, les remercîments de M. le Président de la République furent transmis par son Secrétaire, M. Barthélemy de Saint-Hilaire, au Représentant de la Société en ces termes :

Versailles, 13 juillet 1871.

Monsieur,

J'ai mis sous les yeux de M. le Président du Conseil votre lettre du 9 de ce mois, dans laquelle vous le remerciez des trois décorations qui ont été accordées *sur votre demande*. Les trois personnes que vous avez désignées avaient concouru activement aux efforts généreux de la Société des Amis pour secourir nos malheureux paysans, et elles doivent continuer l'œuvre si utile que vous avez commencée.

M. le Président du Conseil a été heureux de récompenser tant de dévouement, et il me charge de vous exprimer sa gratitude sincère pour toutes les peines que vous avez bien voulu prendre au nom de la Société que vous représentez si dignement.

Au milieu de tous les désastres qui accompagnent la guerre, il est bon qu'il se rencontre des hommes sages et désintéressés qui ne songent qu'à en atténuer les maux.

Dans les tristes circonstances où la France s'est trouvée, votre Société, fidèle à ses principes, aura fait du bien : c'est là le seul prix qu'elle ambitionne. Je l'en félicite pour ma part, car, pour les âmes un peu hautes, c'est la plus belle récompense qu'elles puissent recevoir de la bonté de Dieu.

Agréez, Monsieur, mes félicitations cordiales.

Votre dévoué,
Barthélemy Saint-Hilaire.

Monsieur Long, Représentant de la Société des Amis.

Mais de tous les nombreux témoignages de reconnaissance des Communes
et des Contrées secourues, la plus remarquable est une «Carte Commémora-
tive de l'Œuvre de Bienfaisance de la Société des Amis en France 1870-71 »,
suivie d'une Adresse signée « au nom du Peuple et du Gouvernement Français » par M. le Ministre de l'Agriculture et du Commerce, sous l'autori-
sation de M. le Président de la République et du Conseil des Ministres ; ainsi
que par les Députés, les Préfets, les Maires et les Notables des Départements
secourus. Qu'il nous soit permis de mettre ici sous les yeux de nos Lecteurs
cette Adresse, tout en regrettant que le volume de la Carte elle-même soit
un obstacle à l'insertion d'un Exemplaire dans ce Rapport, sauf sous un
format très-réduit.

Un Exemplaire de cette Carte et Adresse va être conservé dans chaque
Ville d'Arrondissement des Départements secourus, ainsi que dans chaque
Ville d'Angleterre, d'Irlande et Écosse, où il y a eu un Comité-succursale à
celui de Londres — afin de répandre et de perpétuer entre les deux Peuples
cette entente cordiale maintenant si heureusement rétablie — rétablie sur la
base, la vraie base, la Solidarité des Peuples et la Fraternité Chrétienne —
rétablie sans initiative, inspiration ou appui Gouvernemental — et rétablie
sans autre préoccupation quelconque de la part de la Société des Amis que
de faire le bien en pansant les plaies de leurs malheureux Frères — Victimes innocentes d'une criminelle guerre (1).

(1) Les Quakers considèrent toute guerre comme criminelle. Voir p. 9-12 et 22-25.

A LA SOCIÉTÉ DES AMIS

AU NOM DES VICTIMES INNOCENTES DE LA GUERRE

Mesdames et Messieurs,

La Guerre et tous les fléaux qui la suivent avaient amené dans notre pays la désolation et la ruine. Mais la douleur ne peut étouffer la reconnaissance, et le spectacle navrant des maux de la Patrie ne doit pas faire oublier que des hommes de bien sont arrivés de l'Étranger pour nous secourir dans nos détresses.

Au milieu de nos souffrances, nous voulons nous rappeler que vos Délégués ont quitté leur pays pour venir parmi nous, afin de vous rendre compte de nos misères et tendre une main secourable à nos infortunés compatriotes — Victimes Innocentes d'une Guerre déplorable. Apôtres du principe Chrétien de la Fraternité Universelle, vous avez saisi l'occasion d'en montrer la bienfaisante vertu aux Victimes des haines impies qui divisent les peuples, en nous remettant pour être distribués aux malheureux cultivateurs des pays dévastés et à nos infortunés en général des secours de toute nature et en abondance proportionnée à leurs immenses besoins. Vos Délégués ont su découvrir toutes les misères des populations découragées par la souffrance, et votre Société, par les combinaisons les plus ingénieuses de la philanthropie, est venue leur offrir successivement tout ce qui doit améliorer présentement leur pénible sort, et leur inspirer l'espoir pour l'avenir. Grâce à ces combinaisons, vous n'avez pas seulement fait du bien au moment voulu par vos Dons Gratuits, mais par le moyen de Prêts de Semences aux grands cultivateurs qui, aussitôt la récolte terminée, les rendront en nature ou en valeur à leur Commune, au profit des pauvres, vous avez légué à nos Contrées des Fonds de Charité considérables. Vous nous avez donné, en outre, de nombreuses Vaches à lait pour être affermées dans le même but louable ; et à tout ceci vous avez ajouté des Instruments Aratoires d'une invention nouvelle et hautement appréciée. Enfin, de ces secours divers nos campagnes elles-mêmes tireront un profit direct, en ce sens que — leurs semences auront été renouvelées par des graines de première qualité — des préjugés contre l'introduction de nouvelles espèces modifiés — un meilleur système d'agriculture inauguré — et notre race bovine singulièrement améliorée.

La distribution de vos dons vient d'être heureusement achevée, et un temps exceptionnellement favorable a fait prospérer au-delà de toutes nos espérances les grains si généreusement offerts par votre Société. Espérons que Dieu bénira pour notre pauvre France la bienfaisance de nos bons Amis d'Angleterre, en faisant féconder et multiplier à l'infini ces semences, afin de perpétuer parmi nous le vif souvenir de vos libéralités sans bornes

De grandes misères ont été soulagées, et la disette même qui nous a menacés a été écartée. Une pareille compassion pour la misère d'autrui est un des plus consolants attributs de l'humanité. Pendant que le Gouvernement d'Angleterre a été sourd à la voix de la politique, votre Société a noblement répondu qu'il n'existe pour elle aucune barrière ni de nationalité, ni de politique, ni de religion : donc il faut conclure que la politique sèche le cœur, pendant que l'amour du bien relève l'homme presque à l'égal de Dieu, et inspire les actions les plus nobles et les plus généreuses.

Les habitants des Départements et des Contrées si largement secourus vous expriment, par notre intermédiaire, la profonde reconnaissance que vos bienfaits ont fait naître dans tous nos cœurs. Les sentiments qu'ils éprouvent sont partagés par toute la France. Notre Pays n'oubliera jamais que votre Société, et à votre exemple, d'autres Associations d'Angleterre nous ont tendu dans notre malheur une main fraternelle ; aussi garderat-il, croyez-le bien, ce précieux souvenir de philanthropique dévouement, qui contribuera à resserrer l'alliance de ces deux Peuples, et leur exemple, se propageant peu à peu chez les autres nations, répandra partout , nous voulons l'espérer, l'horreur de la Guerre et l'amour de la Paix.

Nous vous félicitons, Mesdames et Messieurs, et nous prions Dieu de vous garder en parfaite santé.

Signé : Au nom du Peuple et du Gouvernement Français.

Je suis autorisé par M. le Président de la République et par le Conseil des Ministres à transmettre à la Société Anglaise des Amis l'expression des sentiments du Peuple et du Gouvernement Français. Puisse le souvenir de notre profonde reconnaissance vivre chez vous aussi longtemps que vivra chez nous le souvenir de vos généreux efforts !

Le Ministre de l'Agriculture et du Commerce,
VICTOR LEFRANC.

Versailles, le 16 novembre 1871.

La Société des Agriculteurs de France :

G ✳ DROUYN DE LHUYS, président. | ✳ E. LECOUTEUX, secrétaire général.

Département du Loiret :

✳ L. C. RENAULT, préfet du Loiret.
Baron DE FOUCAULT, secrétaire général de la préfecture.
C. SAINTOIN, premier adjoint faisant fonction de maire.
✳ Comte DE LAAGE DE MEUX , vice-président du comité.
T. DES FRANCS, secrétaire du comité.
✳ A. JACQUET, consignataire du comité.
GUERIN, membre du comité.
Charles VENOT, membre du comité.
✳ F. GAUCHERON, membre du comité.
✳ Baron A. DE MOROGUES , membre du comité, maire de Saint-Cyr en Val.
A. LEROY, membre du comice d'Orléans et du comité.
M. DE LA ROCHETERIE, maire de la commune de Dry.
Comte DE GOURCY, maire de Coulmiers.
BAUCHERON, maire de Cravant.

GUILLE, maire de Meung-sur-Loire.
GAUCHET, adjoint de la commune de Boulay.
E. DARBLAY, membre du conseil général, maire de Chevilly.
DELAFOND, maire d'Ardon.
L. MARCHAND, maire de Patay.
E. MIGNERON, maire de Châteauneuf.
PROUST-MICHEL, membre du conseil d'arrondissement.
Vicomte DU ROSCOAT, membre du comité de répartition.
✳ LEMERCIER, chef d'exploitation de la compagnie d'Orléans.
O ✳ E. SOLACROUP, directeur du chemin de fer d'Orléans.
✳ Comte D'HARCOURT, député du Loiret.
CRESPIN, maire d'Orléans, député du Loiret.
P. PETEAU, député du Loiret.
Adolphe COCHERY, député du Loiret.

Département de la Seine :

Léon Say, préfet de la Seine, député de la Seine.
Vautrain, président du conseil municipal de Paris et député de la Seine.
✻ L. Lemoine, sous-préfet de Saint-Denis.
Baron de la Morinerie, chef de division, préfecture de la Seine.
G. Pallain, sous-préfet de Sceaux.
O ✻ J. A. Barral, rédacteur du *Journal de l'Agriculture.*

Département de Loir-et-Cher :

ARRONDISSEMENT DE BLOIS.

Ernest Camescasse, préfet de Loir-et-Cher.
Franck, secrétaire général de la préfecture.
✻ Cl. Arnaudtizon, propriétaire, consignataire du comité des secours.
A. Oudin, propriétaire, secrétaire distributeur dn comité.
J. Charrier, agronome, membre du conseil municipal de Blois.
Bigot Charpentier, membre du comité.
Javoy, notaire, adjoint et suppléant du juge de paix, membre du comité.
✻ Marquis de Lauriston, maire de Villefrancœur.
F. Douin, adjoint au maire de Blois.
E. Mercier, maire de Mer.
✻ Le comte A. de Montlaur, maire de Suèvres.
Eusèbe de Bellaim, maire de Cellettes.
Cochez, maire de la commune d'Oucques.
E. Girault, maire d'Onzain.
J. Moreau, maire de Vineuil.
Claveau, maire de Landes.
✻ Édouard Bruitte, ancien professeur de philosophie, et pasteur.
J. H. Hamelle, pasteur à Mer, président du Consistoire d'Orléans.
Docteur P. Piedallu, maire de la commune d'Ouzouer-le-Marché.
E. de Rouget, avocat, licencié ès lettres, maire d'Écoman.
Comte de Lauriston-Bouba, à Coulanges.
✻ Marquis de Sers, député de Loir-et-Cher.
Tassin, député.
Docteur Dufay, maire de Blois, député, et président du comité des Secours.

ARRONDISSEMENT DE VENDÔME.

Manuel Comte de Gramedo, sous-préfet de Vendôme.
✻ Auguste Moisson, maire de Vendôme.
Berger, adjoint et président du comité des Secours.
✻ O. Dujardin-Beaumetz, consignataire de la Société.
Buffereau-Simorre, membre du comité.
Vicomte Er. de Tarragon, maire d'Azé.
E. Lemaignan, membre du comité.
E. Fortier, maire de Villiers.
Fourmy, maire de Lunay.
E. Guillon, maire du Crucheray.
Bruère, membre du comité.
Norguet, maire de la commune de Gombergean.
Ducoux, député.
J. Bozérian, député.

Département d'Eure-et-Loir :

A. Le Guay, préfet du département d'Eure-et-Loir.
A. de Chanaleillé, sous-préfet de Châteaudun.
Moisant, consignataire de la Société.
G. Baudin fils, délégué et maire de Brou.
Dupré, maire de Bonneval.
H. Carré, délégué du canton de Bonneval.
Roger, délégué du canton de Cloyes.
Dreux, président du comice agricole, délégué du canton d'Orgères.
Isambert, maire de Cloyes et délégué du canton.
Canot, délégué du canton de Cloyes.
Hubart, délégué du canton de Brou.
Noël Parfait, député d'Eure-et-Loir.
J. Delacroix, maire de Chartres, député d'Eure-et-Loir.
L. Vingtain, député d'Eure-et-Loir.

Départements de la Moselle et de la Meuse :

✻ Paul Bezainson, maire de Metz.
Blanpied, président du tribunal de commerce de Metz et membre du comice agricole.
H. Maguin, président du comice agricole de Metz.
A. Lamaille, vice-président du comice agricole de Metz.
A. Nicolas, trésorier du comice agricole de Metz.
Maurice du Coëtlosquet, membre du comité de secours.
Vautrain, maire de Gorze.
A. Ghéerbrant, sous-préfet de Briey.
Deschange, député de la Moselle.
Henry Bompard, député de la Meuse.

Département de la Sarthe :

C. Tassin, préfet de la Sarthe.

O ✳ A. Martin, président du comité des secours et du matériel agricole.

✳ De Ponton d'Amécourt, secrétaire du comité et de la Société du matériel agricole.

Ch. Vérel, membre du comité, président du comice agricole.

Percheron, membre du comité, secrétaire du comice agricole.

✳ J. Boisseau, membre du comité, président de la Société d'agriculture, sciences.

A. Bellée, membre du comité, secrétaire de la Société d'agriculture, sciences et arts.

✳ P. Surmont, membre du comité et président de la Société d'horticulture.

✳ E. Caillaux, député de la Sarthe.

C ✳ Marquis de Talhouet, député de la Sarthe.

Le marquis de Juigné, député de la Sarthe.

E. Busson-Duvivier, député de la Sarthe.

Départements du Doubs et de la Meurthe :

✳ Vicomte de Montesquiou, préfet de Meurthe et Moselle.

✳ L. Grandeau, président de la Société centrale d'agriculture de la Meurthe, et de la Société de labourage à vapeur.

Ed. Levylier, sous-préfet de l'arrondissement de Montbéliard.

A. Sahler, pasteur à Montbéliard.

✳ H. Varroy, député de la Meurthe.

Départements du Haut-Rhin et de la Haute-Saône.

Charles Seimer, secrétaire du comité de secours Saint-Louis.

✳ Ch. Lebleu, faisant fonction de préfet.

A. Juster, président du comice agricole et du comité des secours pour Belfort et environs.

O ✳ Mein, maire de Belfort, au nom de la cité reconnaissante.

Ad. Noblot fils, membre du conseil général de la Haute-Saône et du comité de secours.

Bretegnier, maire et président du comité de secours, à Héricourt.

C'est maintenant un devoir pour nous d'indiquer tous ceux, soit en Angleterre, soit en France, qui se sont dévoués avec tant d'élan à l'accomplissement de cette Œuvre si heureusement achevée. Nous disons *tous*, car nos scrupules nous interdisent de faire aucune distinction parmi ces noms également bénis dans les campagnes secourues — où chacun, Français comme Anglais, a consacré ses plus grands efforts.

Et si nous nous abstenons d'exposer aussi dans ce Rapport les immenses services rendus aux familles souffrantes, en France, par le Comité de Dames Anglaises (Quakeresses) à Londres, et par leurs dignes associées les Dames Françaises, c'est seulement parce que nous manquons des renseignements nécessaires pour les signaler toutes. Mais nous nous résignons à ce silence impérieux, bien convaincus comme nous le sommes que, selon leur modestie proverbiale, elles préféreront éviter la publicité de ces nobles vertus qui les distinguent.

LA SOCIÉTÉ DES AMIS (QUAKERS).

COMITÉ GÉNÉRAL EN ANGLETERRE :

WILLIAM ALLEN.
ROBERT ALSOP.
FREDERICK ASHBY, Staines.
JAS. HENRY BARBER, Sheffield.
EDMUND BACKOUSE, M. P.
JOSEPH GURNEY BARCLAY.
WILLIAM BENNETT.
JOHN BOTTOMLEY, Birmingham.
SAMUEL BOWLY, Gloucester.
JOHN BRIGHT, M. P.
CHAS. LLOYD BRAITHWAITE, Kendal.
JOSEPH BEVAN BRAITHWAITE.
JOSEPH COOPER.
JOHN DUNNING, Middlesboro'.
GEORGE DYMOND, Birmingham.
JOHN FORD, York.
ALFRED LLOYD FOX, Falmouth.
JOSEPH JOHN FOX.
ROBERT N. FOWLEY, M. P.
WILLIAM FOWLER, M. P.
LEWIS FRY, Bristol.
JOHN FRANK, Bristol.
GEO. STACEY GIBSON, Saffron Walden.
ALFRED GILKES.
CHARLES GILPIN, M. P.
EDWARD GRIPPER, Nottingham.

SAMUEL GURNEY.
DANIEL HACK, Brighton.
THOMAS HARVEY, Leeds.
GRAY HESTER.
JOHN HODGKIN, Leeds.
THOMAS HODGKIN, Newcastle.
W. JONES, Middlesborough.
CALEB R. KEMP, Lewes.
E. A. LEATHAM, M. P.
GEORGE B. LLOYD, Birmingham.
EDWARD MARSH.
WILLIAM MILLER, Edinburgh.
HENRY PEASE, Darlington.
JOSEPH W. PEASE, M. P.
JONATHAN PIM, M. P.
GEORGE ROOK, Manchester.
WM. DILLWYN SIMS, Ipswich.
WM. SMEAL, Glasgow.
JOSEPH THORP, Halifax.
JAS. HACK TUKE, Hitchin,
MARRIAGE WALLIS, Brighton.
ROBT. SPENCE WATSON, Newcastle.
EDWARD WEST, Bradford.
FREDERICK WHEELER, Rochester.
THOMAS WHITWELL, Stockton.

TRÉSORIERS :

LISTE DES DÉLÉGUÉS EN FRANCE :

NOMS.	LOCALITÉS.	CARACTÈRES DES SERVICES.
Henry John Allen. Dublin.	Lorraine.	Appréciation des détresses — Organisation des transports — Répartition des secours (Cruellement attaqué de la Petite Vérole.)
Ellen Allen. Dublin.	Lorraine.	Soins des malades (Morte à Metz de la Petite Vérole.)
William Jones. Middlesboro, Yorkshire.	Lorraine.	Occupé d'obtenir des Autorités Françaises et Prussiennes des permis de circulation et de transport — Distribution des secours.
Idem (seconde visite).	France centrale.	Appréciation des détresses à Orléans, Vendôme, Le Mans, etc. — Préparatifs pour la distribution de semences pour ces Arrondissements.
Thomas Whitwell. Stockton-on-Tees, Durham.	Lorraine et Alsace.	Appréciation des détresses — Transport de provisions et distribution de secours à Thionville, Bitche, Briey, Metz, etc.
Idem (seconde visite).	France centrale.	Appréciation des détresses et répartition des secours — Préparatifs pour la distribution des semences dans les arrondissements d'Orléans, Blois, le Mans, Châteaudun et à Saint-Calais.
Idem (troisième visite).	Lorraine, Alsace et Bourgogne.	Distribution des secours. — Tournée d'inspection.
Robert Spence Watson. Newcastle-on-Tyne, Northumberland.	Lorraine et Alsace.	Appréciation des détresses — Transports des provisions et distribution des secours à Briey et à Metz.
Idem (seconde visite).	Paris.	Organisation de la distribution des secours dans ses alentours.
Idem (troisième visite).	Paris.	Distribution des secours.
Eliot Howard. Tottenham, Middlesex.	Belgique et Lorraine.	Organisation des dépôts de provisions — Arrangements pour le passage des denrées, etc., etc.
William Pumphrey. York.	Lorraine et Alsace.	Transports de provisions et vêtements — Soins des malades — Distribution de secours à Metz, Bitche, etc.
Daniel Hack, Jun. Brighton.	Lorraine.	Organisation de dépôts à Metz et arrangements pour les transports — Distribution des secours (Cruellement attaqué par la Petite Vérole.)
John Bellows. Gloucester.	Lorraine.	Distribution de secours à la suite des armées.

NOMS.	LOCALITÉS.	CARACTÈRES DES SERVICES.
Elizabeth Ann Barclay. Londres.	Lorraine.	Appréciation des détresses et distribution des secours — Soins des malades. (Accablée par la fièvre pendant environ douze semaines.)
J. Augusta Fry. Londres.	Lorraine.	Distribution de vêtements et autres secours — Soins des malades — Organisation de travaux de broderie, de tricot et de couture.
Richenda E. Reynolds. Londres.	Lorraine.	Surveillance des fourneaux économiques — Distribution des vêtements et d'autres secours — Organisation de travaux de broderie, de tricot et de couture.
Amelia de Bunsen. Berlin.	Lorraine.	Distribution des secours — Organisation de distributions de vêtements.
Samuel Gurney. Londres.	Lorraine.	Distribution des secours, surveillance du dépôt de Metz.
John Henry Gurney, Jun. Londres.	Lorraine et Alsace.	Distribution des secours et organisation de travaux.
Charles Elcock. Gloucester.	Lorraine.	Transport de vêtements, etc., d'Angleterre à Metz, à travers la Belgique — Distribution de secours. (Attaqué par la Petite Vérole.)
Henry Tuke Mennell. Londres.	Lorraine.	Surveillance des dépôts de Metz — Appréciation des détresses et distribution des secours — Établissement de fourneaux économiques — Organisation de travaux divers, etc.
Idem (seconde visite).	Paris.	Appréciation des détresses dans le département de la Seine — Préparation pour la distribution des secours.
Idem (troisième visite).	Paris, Metz, etc.	Tournée d'inspection.
Theodore Nield. Kendal, Westmoreland.	Lorraine et Alsace.	Surveillance du dépôt de Metz et distribution de secours — Exploitation de carrières.
John Dunning. Middlesboro, Yorkshire.	Lorraine.	Études pour l'application de la culture à la vapeur dans ces contrées — Arrangements pour le transport de la Charrue à Vapeur et achat de grains de semence.
Idem (seconde visite).	Belgique et Lorraine.	Transport des instruments aratoires et dispositions pour envoyer la Charrue à Vapeur et les grains de semence.
Idem (troisième visite).		Négociations pour le transfert de l'Outillage à vapeur à une Compagnie Lorraine et Messine de Labourage à vapeur.
Joseph Smith. Lincolnshire.	Lorraine.	Études de cette contrée pour la Culture à Vapeur.
Thomas Snowdon. Stockton-on-Tees.	Belgique et Lorraine.	— —
Idem (seconde visite).	Belgique et Lorraine.	— —
Thos. D. Nicholson, M. D. Edinburgh.	Lorraine, Alsace, Haut-Rhin et Haute-Saône.	Surveilance du dépôt de Metz — Distribution des secours — Organisation de fourneaux économiques — Exploitation de carrières et autres dispositions.

NOMS.	LOCALITÉS.	CARACTÈRES DES SERVICES.
Samuel James Capper. Liverpool.	Hᵗ-Rhin et Hᵗᵉ-Saône. Lorraine et Alsace, France centrale.	Distributions des secours — Tournées d'inspection.
Charles Wing Gray. Norfolk.	Lorraine et Alsace, et Haut-Rhin.	Surveillance de la distribution des graines de semence — Bêchage et autres travaux pour les gens sans travail — Distributions de secours.
Idem (seconde visite).	Haut-Rhin, Alsace et Lorraine.	Surveillance de l'achat du bétail — Distribution des secours dans ces contrées.
Joseph Crosfield. Londres.	Paris.	Appréciation des détresses et dispositions préliminaires de secours dans les alentours de Paris.
Idem (seconde visite).	Paris.	Distribution des secours dans 69 Communes du Département de la Seine.
Edmond Pace. Londres.	Paris.	Investigations préliminaires des détresses dans le Département de la Seine.
William Beck.	Paris.	Investigations préliminaires des détresses dans le Département de la Seine.
William B. Norcott. M. D. Ireland.	Paris.	Entente avec les Autorités de Paris et de Versailles et distribution des secours aux Communes autour de Paris.
Walter Ryley.	Paris.	Investigations préliminaires des détresses dans le Département de la Seine.
Ellen Jackson. Liverpool.	Alsace et Lorraine.	Distribution de vêtements — Organisation de travaux de broderie, et des secours.
Ernest Beck. Londres.	Paris.	Organisation et distribution de secours dans le Département de la Seine.
Idem (seconde visite).	Paris.	Organisation et distribution de secours dans le Département de la Seine.
William Dyne. Londres.	Paris.	Transport de vêtements, etc., à Paris, et distribution de secours.
James Hack Tuke. Hitchin, Hertfordshire.	Paris.	Organisation et distribution des secours dans le Département de la Seine.
James Long. Londres.	France centrale, Lorraine et Alsace, Haut-Rhin, Haute-Saône, Doubs et Côte-d'Or.	Entente avec le Gouvernement et les Administrations des chemins de fer, pour le transport des grains de semence, etc., etc., à l'intérieur — Achat et transport de bestiaux de l'Espagne et de diverses contrées — Distribution des secours divers, etc., etc. — Tournées d'inspection.
John Burnet Tylor. Londres.	Paris.	Distribution des secours dans le Département de la Seine.
Arthur Albright. Birmingham.	France centrale.	Organisation de la répartition des grains de semence, des vêtements, des instruments aratoires, etc.
Wilson Sturge.	France centrale.	Organisation de la distribution des grains de semence, de vêtements, etc. (Attaqué par la Scarlatine.)
J. Fyfe Stewart.	France centrale.	Distribution des grains de semence, vêtements, instruments aratoires, etc.

Mais tout le tact et le dévouement du Comité Exécutif à Londres et de leurs Délégués en France ne pouvaient suffire à obtenir des résultats si remarquables sans le concours intelligent et l'aide efficace des Auxiliaires locaux bien disposés à seconder leurs efforts. Et heureusement, dans toutes les Contrées secourues, se sont présentés des hommes, dignes associés des Quakers dans leur Œuvre de Bienfaisance — des hommes qui ont joint à l'inspiration de leurs sentiments bienveillants une forte conviction de devoir et de patriotisme, et qui ont affronté des difficultés considérables en accomplissant avec tant de succès une entreprise d'une si grande étendue et en même temps si minutieuse dans ses ramifications. Parmi ceux qui nous ont prêté un concours si important, il y a des hommes qui méritent une mention toute spéciale — des noms tout prêts à s'échapper de nos lèvres, et c'est bien à contre-cœur assurément que nous nous abstenons de les prononcer. Si nous évitons de les signaler particulièrement dans cet exposé, c'est parce qu'une telle énumération peut encourir le reproche d'une distinction partiale.

LORRAINE ET ALSACE.

Monseigneur l'Évêque de Metz.
MM. Maguin, Président du Comice Agricole de Metz.
Neumann, Vice-Président du Comice Agricole de Metz.
Nicolas, Trésorier du Comice Agricole de Metz.
Blanpied, Président du Tribunal de Commerce, à Metz.
Le Comte du Coetlosquet, à Metz.
Maurice du Coetlosquet, à Metz.
D'Harmoncelle, à Metz.
Pidancet, à Metz.
De Lararqué, à Metz.
Lanier, à Metz.
Lamaille, à Metz.
Gandar, à Metz.
Viannon, à Metz.
Vautrain, Maire de Gorze.
✻ Grandeau, Président de la Station Agricole de l'Est et de la Compagnie de Labourage à Vapeur, à Nancy.
Rollin, Maire de Briey.
Le baron de Garjan, à Thionville.
Gand, inspecteur des forêts, en retraite, à Thionville.
Didierjean, Directeur de la Verrerie de Saint-Louis-Lambach.
Le baron E. von Turckheim, à Niederbronn.
L'abbé Mouson, à Saint-Privat la Montagne.
Erckmann, auteur, à Phalsbourg.

VOSGES.

MM. STEINHEIL, député.

DIETERLIN, manufacturier.

FALLOT, manufacturier.

HAUT-RHIN, HAUTE-SAONE, DOUBS ET COTE-D'OR.

MM. JUSTER, Président du Comice Agricole et du Comité des Secours pour Belfort et les environs.

LARDIER, Vice-Président du Comité.

✳ LEBLEU, Administrateur.

BESANÇON, \
ROCHET, } Trésoriers.

FAVY, Secrétaire.

JUTEAU, \
LARDIER, \
PARIZOT, \
HARTMANN, } à Belfort.
LALLOZ, \
COURTOT, /

SEIMER, à Saint-Louis.

Le Comte de GRAMONT, à Villersexel.

BRETEGNIER, Maire d'Héricourt et Président du Comité des Secours.

A. NOBLOT fils, membre du Conseil général et du Comité des Secours, à Héricourt.

A. SAHLER, pasteur protestant, à Montbéliard.

✳ LADREY, professeur à la Faculté des Sciences, à Dijon.

SEINE.

M. le Baron de la MORINERIE, Chef de division, préfecture de la Seine

LOIRET.

MM. O ✳ PERROT, *Président* du Comité de Répartition des Secours.

✳ DE LAAGE DE MEUX, *Vice-Président.*

✳ A. JACQUET, *Consignataire.*

T. DES FRANCS, propriétaire, *Secrétaire.*

SAINTOIN-LEROY, propriétaire, membre du Comité.

✳ A. DE MOROGUES, maire de Saint-Cyr en Val, membre du Comité.

JAGOU, propriétaire,   —

✳ GAUCHERON, propriétaire,   —

GUÉRIN, propriétaire.   —

Vicomte DU ROSCOAT, propriétaire.   —

Ch. VENOT, propriétaire.   —

PROUST, propriétaire.   —

JALAGUIER, pasteur protestant.   —

LOIR-ET-CHER.

ARRONDISSEMENT DE BLOIS.

MM. DUFAY, Maire de Blois, Député, *Président* du Comité de Répartition.

✳ Claudius ARNAUDTIZON, viticulteur, propriétaire de la Justinière, *Consignataire.*

A. OUDIN, propriétaire, *Secrétaire-distributeur.*

MM. J. Charrier, agronome et conseiller municipal à Blois, membre du Comité de Répartition.
Javoy, notaire, adjoint au maire d'Oucques,　　　—　　　　　—
Bigot-Charpentier, propriétaire à Aulnay-Mer,　　　—　　　　　—
Croulbois, propriétaire à Blois.

* ARRONDISSEMENT DE VENDÔME.

MM. Berger, Adjoint au Maire de Vendôme, *Président* du Comité des Secours.
✳ O. D. Beaumetz, *Consignataire*.
Buffereau-Simorre, membre du Comité.
E. Lemaignan, membre du Comité.
Bruere, membre du Comité.

EURE-ET-LOIR.

MM. Moisant, *Consignataire* du Comité de Répartition de Secours.
Baudin fils, maire de Brou, membre du Comité de Répartition de Secours.
Dupré, maire de Bonneval,　　　—　　　　—
H. Carré, à Bonneval,　　　—　　　　—
Roger, à Cloyes,　　　—　　　　—
Canot, à Cloyes,　　　—　　　　—
Hubart, à Brou,　　　—　　　　—
Dreux, président du comice agricole, à Orgères,　　　—

SARTHE.

MM. Ch. Tassin, Préfet de la Sarthe, *Président* du Comité de Secours.
O ✳ A. Martin, Président de la Société du matériel agricole de la Sarthe, *Vice-Président*.
✳ De Ponton d'Amécourt, Secrétaire de la Société du matériel agricole de la Sarthe, *Secrétaire*.
✳ Boisseau, Président } de la Société d'Agriculture, Sciences et Arts de la Sarthe, membres
Bellée, Secrétaire } du Comité.
✳ Surmont, Président } de la Société d'Horticulture, membres du Comité.
Ed. Le Bèle, secrétaire }
Vérel, Président } du Comice agricole du Mans, membres du Comité.
Percheron, Secrétaire }

Maintenant nous aurons fini quand, au nom de la Société des Amis
(Quakers), dont nous avons l'honneur d'être le Représentant, nous aurons
témoigné ici notre haute appréciation du prompt concours à notre Mission,
qu'on nous a prêté partout, dès la frontière Luxembourgeoise jusqu'à la
frontière d'Espagne, et notre reconnaissance du bon accueil qui nous a
toujours attendu dès le Ministère jusqu'au plus humble rang du Peuple.
Pendant l'année que nous avons consacrée à l'administration de cette entreprise, nous avons recueilli bien des expériences touchantes parmi toutes
les classes de la nation — expériences pleines de souvenirs pour la vie; et
nous voulons répéter ici ce que nous avons eu occasion de dire autre part —
*que nous avons appris à mieux aimer la France dans ses malheurs que dans les
jours de sa fière prospérité.*

Nul homme doué d'une âme haute ne peut avoir été spectateur des efforts de la France pour se sauver des étreintes de son ennemi, et vouloir que la nation abandonne tout espoir de se relever et de voir venir le jour où ses enfants, arrachés de son embrassement, lui seront rendus ; et encore moins celui qui comme nous, a été témoin du déchirement de cœur qu'a causé la prise de la ville de Metz — ville vierge — ville la plus Française de tout ce qui est Français — peut-il vouloir que la France devienne, sauf temporairement, comme une Rachel pleurant ses enfants et n'ayant pas voulu être consolée de ce qu'ils ne sont plus. Non ! et quoique rien ne soit plus éloigné de nos sentiments que de prêcher *la revanche* — car la vengeance n'appartient qu'à Dieu qui la rendra en son temps et de sa propre manière ; et « la voie du Dieu Fort est parfaite, et un bouclier à tous ceux qui se retirent vers lui » — néanmoins nous espérons de voir encore le jour où tout cela s'arrangera pacifiquement, et quand le peuple captif sera ramené par des moyens plus Chrétiens que le carnage de la guerre ; car « les cœurs des rois et des princes sont en la main de l'Éternel comme les ruisseaux d'eau ; il les incline à tout ce qu'il veut ».

C'est notre conviction alors — et à tous ceux qui nous connaissent nous ne serons pas suspects en l'affirmant — *que la tranquillité interne, l'économie la plus rigide, le développement de l'industrie et du commerce, et la réforme individuelle et nationale sont les moyens, plutôt que la mitrailleuse et le chassepot, de relever la France à son ancienne splendeur parmi les nations. Et à ceux qui comme nous ont eu une occasion favorable de noter les ressources merveilleuses de la France, et d'étudier l'élasticité proverbiale de son génie, et les forces récupératives de la nation, il n'y a rien de trop fort à espérer* — *pourvu seulement que tout cela soit tempéré par « la crainte de l'Éternel, qui est le commencement de la sagesse »*.

Nous manquerions alors à notre Mission et nous manquerions aux principes de la Société des Amis (Quakers), qui ne sont pas moins de vrais et véritables amis, à cause de la candeur et de l'intégrité qui marquent leurs conseils, si nous ne rappelions pas ici au souvenir de nos Lecteurs cette déclaration frappante, prononcée l'année dernière par l'Assemblée Législative — *que la décadence de la nation n'est due qu'à l'abandon trop général de ses devoirs religieux.* Mais nous voulons ajouter que de la régénération individuelle dépend la régénération nationale — que, sans l'initiative personnelle et l'effort de chaque citoyen, tout Gouvernement sous n'importe quelle forme, restera impuissant à panser les plaies et à ressusciter l'ancienne vigueur de la nation — que la Législature, la Presse et la Littérature entière d'un pays sont toujours celles que son peuple veut, autrement ni l'un ni l'autre n'aurait existence ; impossible alors de se plaindre de la vénalité d'un côté ou de la corruption de l'autre, sans s'accuser — et que c'est de la sincère vénération de Dieu, sans égard à la forme de culte, que dépend le vrai progrès des peuples — que ce n'est que par l'observance et la pratique de ses Statuts qu'une nation s'élève et dure — que « l'humilité précède la gloire — et que le péché est l'opprobre des Peuples ».

« A quelque chose malheur est bon. »

« Avant que je fusse affligé, je me suis égaré du chemin, mais maintenant j'observe ta parole ; il m'est donc bon d'avoir été affligé afin que j'apprenne tes statuts : » — telle fut l'expérience de l'homme « choisi par l'Éternel selon son cœur », et telle a été l'expérience de milliers et de milliers de notre race depuis son époque. Une nation se compose d'individus, et ce qui est vrai de l'un est vrai de l'autre. C'est dans la fournaise ardente que le métal se purifie et que les écumes sont rejetées à la surface. Ce n'est que par le moyen du feu et du marteau que les barreaux de fer, faibles lorsqu'ils sont isolés, sont unis et deviennent capables de tant résister. Ce n'est que par la tribulation que le froment se sépare de la balle (1).

Espérons que de cette manière la France profitera de ses dures expériences, et que, de toutes ses épreuves, elle sortira plus pure, plus puissante, plus glorieuse que jamais.

(1) Voir p. 13, note.

Paris. — Typographie Adolphe Lainé, rue des Saints-Pères, 19.

www.ingramcontent.com/pod-product-compliance
Ingram Content Group UK Ltd.
Pitfield, Milton Keynes, MK11 3LW, UK
UKHW020334130726
13696UKWH00003B/1335